250

Am de C——

1865

Vie I.

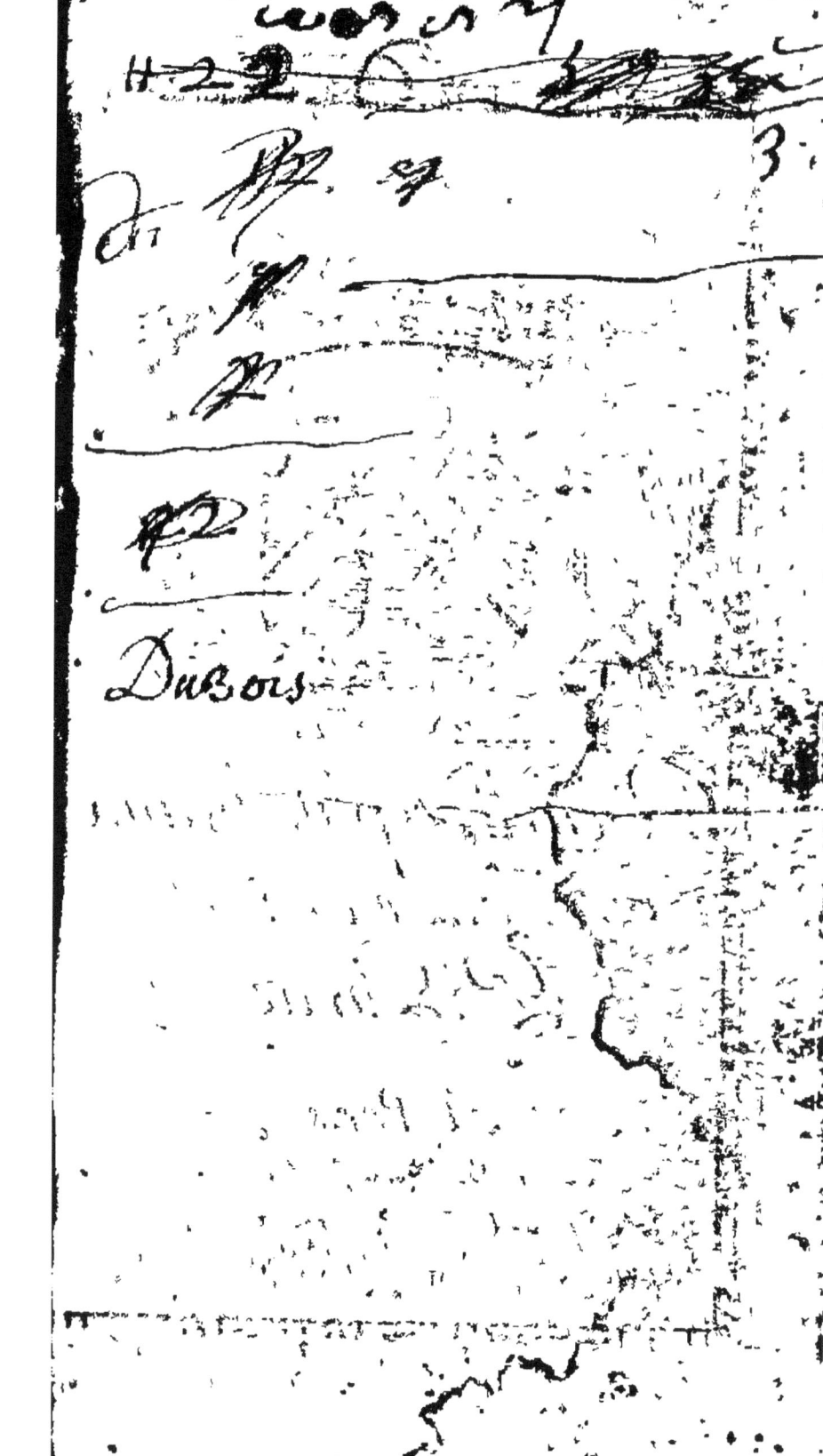

Nouveau
Recueil des plus beaux
vers mis en chant
P.re Partie

A Paris
Chez Robert Ballard seul imprimeur
du Roy pour la musique rue S.t Jean de
beauuais. Auec Priuilege du Roy.

Chez Estienne Loyson, au Palais a l'entrée de la
Galerie des Prisonniers, au nom de Iesus.

NOUVEAU RECUEIL
DES PLUS BEAUX
AIRS DE COUR.

CONTENANT

PLUSIEURS GAVOTTES, Bourées, Gigues, Vilanelles, Courantes, Sarabandes, Menüets, Entrées de Ballet, & autres Chansons nouvelles du temps,

De differens Autheurs.

PREMIERE PARTIE.

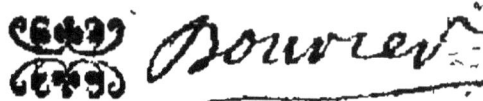

A PARIS,
Chez ESTIENNE LOYSON, au Palais, à l'entrée de la Gallerie des Prisonniers, au nom de IESVS.

MDCLXVI.
Avec Privilege du Roy.

Monsieur

Monsieur du Mesnil-Montmor

Conseiller au Parlement.

Monsieur

J'ay tant de connoissance de vos belles qualitez et tant de preuues de vostre bonté, que ie ne puis vous donner trop de marques de mon Estime et de ma recognoissance. La Dedicace d'vn Liure seroit vne preuue considerable de cette parfaite estime, si i'estois vn Autheur proportionné a vostre merite : mais comme ie connois mon foible, ie n'ay jamais osé entreprendre de vous adresser aucun de mes Ouurages. Toutes fois Monsieur, comme ie crains que mon silence ne soit soupçonné d'ingratitude, i'ay trouué vn Expedient en vous donnant ce Recueil de tous les plus galans Autheurs du temps, qui vous sera sans doute plus agreable qu'vn Liure de ma composition dont ie sçay qu'à peine vous auriez daigné regarder le Titre. I'espere Monsieur, que vous aprouuerez mon dessein puis que ie n'ay autre but que de contribuer de tout mon pouuoir a vostre diuertissement & vous temoigner en toutes choses auec combien de zele & de respect ie suis

Monsieur

Vostre tres humble & tres obeissant & tres obligé seruiteur
B.D.B.

NOVVEAV RECVEIL DES PLVS BEAVX AIRS DE COVR.

PREMIERE PARTIE.

AIR DE M. LE CAMVS.

AH! fuyons ce dangereux sejour,
  Ces vers ombrages,
  Ces doux rivages,
Où Tircis me fit voir tant d'amour.
Détournons nos troupeaux de ces bois
Où l'ingrat m'attira cent fois;
Mais mon cœur à mes desseins rebelle
  Ne peut bannir
  Ce cruel souvenir.
  Helas! un infidelle
  Me fait aymer ces lieux,
  Et malgré mes détours,
  I'y viens toûjours.

MADAME LA COMTESSE DE LA SVZE.

A

RECVEIL DES PLVS BEAVX VERS

A

AIR

DE M. LAMBERT.

Pres tant de sermens d'estre toûjours fidelle,
Tu brises les liens qui devoient nous unir.
Souviens-toy que l'Amour vangera sa querelle,
Et qu'il porte en ses mains des traits pour te punir.

Mr. LE MARQVIS DV CHATELET.

MIS EN CHANT.

AIR
DE M. LAMBERT.

AH ! qu'il est fascheux de souffrir
Sans aucun espoir de guerir,
Trop aimable inhumaine !
Ie connois bien qu'il faut mourir,
Pardonnez si ie dis dans l'excez de ma peine :
Ah, qu'il est fascheux de souffrir
Sans aucun espoir de guerir !

RECVEIL DES PLVS BEAVX VERS

GAVOTTE.
B. D. B.

A L'ombre de ce bocage,
Cloris & Tircis vn iour,
D'vn doux & tendre langage
S'asseuroient de leur amour;
Ie ne feray point legere,
Disoit Cloris au Berger,
Et Tircis à la Bergere,
Ie ne feray point leger.

   Puis que pour finir nos peines
L'Amour icy nous a joints,
O Bois! ô Prez! ô Fontaines!
Vous en serez les témoins:
    Ie ne feray, &c.

   Employant vne eloquence
Qui ne s'entend que des yeux,
Leurs ames par le silence
S'expliquoient encore mieux:
    Ie ne feray, &c.

   Ainsi l'ardeur mutuelle,
Et les longs rauissemens,
Seruoient de langue fidelle
A ces deux heureux Amans.
    Ie ne feray, &c.

                    Mr. L. D. D. M.

MIS EN CHANT.

AVTRES COVPLETS.

IL n'est rien de plus aimable
Qu'Iris en toute la Cour,
Que n'est-elle autant traitable
Qu'elle sçait donner d'amour ?
On ne seroit pas à plaindre,
Quoy que l'on pût endurer,
Mais elle nous fait tout craindre,
Et ne fait rien esperer.

Quand pour elle vn cœur soupire,
Il ne s'en trouue pas bien,
Helas, ie sçay bien qu'en dire
Quoy que ie n'en dise rien:
Ie croyois la rendre tendre
En aimant ses doux attraits;
Mais! las on a beau se rendre,
Elle ne se rend iamais.

Ah ! que l'on souffre de peine
Quand on est absent de vous,
Loin de vos beaux yeux, Climene,
On ne trouue rien de doux.
Dans voftre aimable demeure
Les ris ne nous quittoient pas,
Et le chagrin à toute heure
Accompagne icy nos pas.

Quand ie vins, belle Marquise,
Auec vous en ce beau lieu,
A mon aimable franchise,
En partant, ie dis adieu.
Sans penser à la defendre
Moy qui la cherissois tant,
Ie ne pensay qu'à me rendre,
Vn autre en euft fait autant.

Ah ! vous auez beau vous plaindre
Que ie me plains nuit & iour,
Ie ne sçaurois me contraindre
Vous voyant si peu d'amour;
Voulez-vous me faire taire
Sans qu'on m'entende iamais,
La chose est facile à faire,
Aimez autant que ie fais.

Mr. M**

MIS EN CHANT.

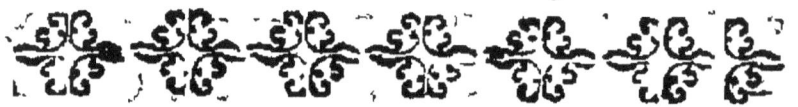

RECIT DE BALLET.

A Mon habit, à mon visage
    Vous connoiſtrez facilement
Que ie ne ſuis qu'vn hymen de village,
    Ceux de la Cour ont en partage
Plus de beautez & plus d'ajuſtement:
    Mais dans ce paiſible boccage,
L'amour, l'honneur & moy viuons plus ſeurement.

    Tous les plaiſirs du premier âge
    Vinrent en leur banniſſement
Se retirer ſous cet heureux ombrage;
    Ceux de la Cour, &c.

RECIT DE BALLET.

A Qui sçait bien aimer l'amour a ses plaisirs,
A qui sçait bien haïr la haine a ses delices,
   Celle-cy remplit mes desirs,
Et de l'autre mon cœur ignore les supplices,
    L'vn sans doute a plus d'appas,
    L'autre aussi fait moins de peine,
L'on vous rend tousiours vostre haine;
    Mais pour vostre amour, helas !
    Tousiours on ne vous le rend pas.

Du soin de vous vanger, le trouble imperieux
Nous émeut beaucoup moins qu'vne tendresse extré-
   Et souuent l'on se trouue mieux   (me,
De hayr ce qu'on hait, que d'aimer ce qu'on aime;
   L'vn sans doute, &c.

          Mr. DE BENSSERADE.

MIS EN CHANT.
A

AIR
DE M. DE MOLLIER.

Amant qui soupirez auecque la liberté,
Et possedez au moins dans la captiuité
Le bien de découurir vostre amoureux martire;
Que de vostre bonheur ie dois estre jaloux!
Puisqu'en aimant, Philis, ie souffre autant que vous,
Mais, helas! sa rigueur me deffend de le dire.

Mr. DE MOLLIER.

A

VILANELLE.

Autresfois chantoit Hylas
　　Sur ce riuage,
　　Le volage
　　N'aimoit pas,
　　Il aime, helas!
　　Il soupire
　　Nuit & iour,
　　Et n'ose dire
Aux seuls rochers d'alentour,
　　Qu'il meurt d'amour.

M. DE LA TVILLIERE.

AIR
DE M. PERDIGAL.

AH, jaloux ennemis du bonheur de ma vie,
Que vous connoissez peu mon destin rigou-
reux!
Helas, si vous sçauiez les rigueurs de Siluie,
Vous auriez pour vn malheureux
Bien plus de pitié que d'enuie.

Ah, depuis qu'à ses loix mon ame est asseruie,
Que mon cœur a poussé des soupirs amoureux!
Helas, &c.

Mr. PERRIN.

SARABANDE

A

SARABANDE.

AVpres de vous j'apprens à me contraindre,
Ie ne dis rien de mon cruel tourment ;
Si le respect m'empesche de me plaindre,
N'en jugez pas mon martyre moins grand.

Si l'on disoit que vous n'estes pas belle,
Ie defendrois ce mensonge auec soin ;
Si l'on disoit que vous estes cruelle,
I'en pourrois estre vn assez bon témoin.

Si quelquefois vous détourniez la veuë
Sur les regards que vous jettent mes yeux ;
Ils vous diroient le tourment qui me tuë,
Et que mon cœur voudroit s'éxpliquer mieux.

A mes soupirs si vous prestiez l'oreille,
Ils vous diroient par leur douce langueur,
Qu'ils sont enfans d'vne amour sans pareille,
Et que pour vous ils naissent dans mon cœur.

Si vous songiez qu'à regret ie vous quitte,
Et que par tout ie veux suiure vos pas ;
Tous ces ennuis & tous ces soins, Carite,
Vous apprendroient ce que ie ne dis pas.

AIR.

B. D. B.

AGreables deserts, arbres, rochers, fontaines,
Qui des plus malheureux pouuez flater lés peines,
Du plus grand de nos Roys, agreable sejour,
Qu'icy ma réuerie est tranquille & charmante,
J'admire vos beautez, mais Iris est absente.
Que j'aurois de plaisir si j'auois moins d'amour!

MIS EN CHANT.

AIR
DE M. CHEVALIER.

Absent des beaux yeux que ie sers,
Les plaisirs qui me sont offerts
Redoublent ma douleur mortelle:
Tout vient accroistre ma langueur,
Et mon souuenir trop fidelle
Fait le supplice de mon cœur.

RECIT DE BALLET.

Amour se glisse dans nos bois,
Euitons bien ses entreprises ;
Nous prenons des bestes par fois,
Craignons nous mesme d'estre prises :
Il est bon de s'en deffier,
Tous les cœurs sont de son gibier.

Afin de nous assujettir,
Il est tousiours en ambuscade :
Il ne faut par fois qu'vn soupir,
Il ne faut qu'vne simple œillade,
Il est bon de, &c.

M. DE BENSSERADE.

VILANELLE.

Assis prés d'vne fontaine,
Vn Berger bruslant d'amour,
Venoit raconter sa peine
A tous les bois d'alentour :
Il se plaignoit que sa Belle
Aimoit vn autre Berger ;
Quoy qu'elle fust infidelle,
Il ne pouuoit la changer.

On voyoit sur son visage
La tristesse de son cœur ;
Les Bergers du voisinage
Remarquoient bien sa langueur :
Vne douleur trop cruelle
Faisoit mourir ce Berger,
Et cependant l'infidelle
Ne se plaisoit qu'à changer.

Les cris de ce miserable
Touchoient les monts & les bois ;
Mais il n'estoit pas capable
De faire vn plus heureux chois.
Il auroit quitté sans peine
Cette ingratte, & sa langueur,
S'il eust connu Celimene
Telle qu'elle est dans mon cœur.

A

AIR.

B. D. B.

AH ! si j'étois certain que dans l'éloignement
Ie pûsse éteindre enfin mon amour trop fidelle,
Que ie serois heureux de quitter la cruelle
    Qui cause mon tourment !
Mais, helas ! ie voy bien pour vaincre tous ses char-
    mes,
Que l'absence & le temps n'ont que de foibles armes.

B. D. B.

A

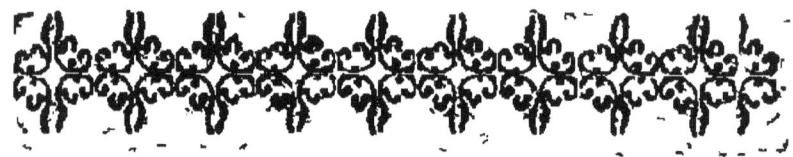

RECIT DES TROIS GRACES, au Ballet de la naissance de Venus.

ADmirons nostre jeune & charmante Princesse,
Parlons de sa beauté, parlons de son esprit,
N'auons-nous pas l'honneur de nous mesler sans cesse
Dans tout ce qu'elle fait, dans tout ce qu'elle dit?
Nous ne sommes que trois, il en est cent chez elle
      Dont l'attachement est plus doux;
L'on en voit plus de cent qui sont à cette belle,
      A meilleur titre que nous.
      Suiuons toujours ses glorieuses traces
      Sans l'abandonner d'vn pas,
      Ah! qu'elle a bien d'autres appas
      Qui ne l'abandonnent pas.

Peut-on bien soûtenir de si viues lumieres?
Peut-on bien éuiter la douceur de ses traits?
Qui connoit vne fois son air, & ses manieres,
Il en a pour sa vie, & n'en reuient iamais.
Nous ne sommes que trois, &c.

          M. DE BENSSERADE.

AIR.

B. D. B.

Aimons-nous constamment, adorable Siluie,
Durant le cours de nostre vie;
Bannissons de nos cœurs la peine & le tourment,
N'y souffrons que de la tendresse:
Et malgré les jaloux qui nous veillent sans cesse,
Aimons-nous constamment.

MIS EN CHANT. 21

AIR
DE Mr. L. D. D. M.

AH! qu'il est ennuyeux d'auoir dedans le cœur
La tendresse, l'amour, le respect & la crainte!
Sans pouuoir vous parler, belle & charmāte Aminte,
Des maux & des desirs qui causent ma langueur.

S. M.

AIR
DE M. D. L. R.

A Quoy m'engagez-vous, trop aimable Caliste,
Ainsi qu'à vous aimer tout mon plaisir cõsiste,
Si vous m'aimiez de mesme, en dépit des jaloux,
    Mon destin seroit des plus doux;
Mais s'il faut au mépris de mon ardeur extréme,
Que vous ne m'aimiez pas autant que ie vous aime,
    Helas ! à quoy m'engagez-vous ?

Tout le but de mes vœux, si j'ose vous le dire,
C'est que la mesme ardeur qui fait que ie soupire,
Soit cõmune entre nous, ou pour m'expliquer mieux,
    C'est vn peu d'amour que ie veux;
Peut-estre ignorez-vous comment il s'y faut prendre,
Mais si vous le voulez, ie m'offre à vous l'apprendre,
    Et c'est tout le but de mes vœux.

M. D. L. R.

AIR
DE M. CHEVALIER.

AH ! ne me flatez plus, vous voyez que j'expire,
Ie n'en puis plus, ie meurs pour vos diuins appas:
Si vous m'aimez, Iris, soulagez mon martyre.
Si vous ne m'aimez pas, acheuez mon trépas.

AIR.
B. D. B.

Allez, allez, mon cœur,
Ne craignez plus ny fierté ny rigueur,
    Deuſſiez-vous mourir en la peine,
Suiuez, ſuiuez l'aimable Celimene:
    Où peut-on eſtre mieux
    Qu'auprés de ſes beaux yeux?

Ah! loin d'elle, ô mon cœur,
Que feriez-vous que mourir de langueur?
    Allez, & pendant voſtre abſence
Laiſſez icy toute voſtre conſtance,
    Pour ſouffrir ſeulement
    Ce qu'on ſouffre en aimant.

M. DE LA TVILLIERE.

MIS EN CHANT.

A

AIR

DE M. LAMBERT.

A Ce retour de la saison nouuelle,
　　Tout renouuelle,
Les prez, les bois, tout change icy;
　　Mais, ô douleur cruelle!
　　Mon Iris change aussi,
　　Et ie vois chaque iour
Naistre les Fleurs, & mourir son amour.

Le beau Printemps fait voir en cet Empire
　　Le doux Zephire,
　　Les jeux, les ris, & les amours;
　　Faut-il que ie soupire
　　Et languisse toûjours?
　　Faut-il voir chaque, &c.

　　　　　　　　　　Mr. PERRIN.

A

AIR
DE M. LAMBERT.

Allez, ingrate, allez où vostre humeur vous porte,
Riez du desespoir d'vn malheureux amant,
J'espere que dans vn moment
Vous n'outragerez plus qu'vne personne morte;
J'ay senty vos dédains, mais déja le trépas
Pour m'en sauuer me tend les bras.

Ie veux resolument contenter vostre enuie,
Vous auez trop souffert mes importunitez,
Mes douleurs & vos cruautez
S'en vont mettre vne fin à ma mourante vie,
Et ie m'en vay bien-tost receuoir le trépas
Ou de vos yeux, ou de mon bras.

MIS EN CHANT.

AIR
DE M. LAMBERT.
POVR MADEMOISELLE DE M****.

ABſent de vous on n'a point de repos,
Abſent de vous on ne voit rien d'aimable;
Cruelle Iris, vous donnez des pauots
Pour endormir vn pauure miſerable;
Ie les ay pris aſſez mal à propos,
Mais j'ay trouué ma bleſſure incurable;
Abſent de vous on n'a point de repos.

Abſent de vous ie languis nuit & iour,
Abſent de vous ie ne voy rien d'aimable;
Cruelle Iris, vous quittez ce ſejour
Pour augmenter les maux d'vn miſerable;
Vous me flattez de l'eſpoir du retour,
Mais vous rendez ma bleſſure incurable;
Abſent de vous ie languis nuit & iour.

Mr. DE PELLISSON.

AIR
DE M. DE SABLIERE.

Antres affreux, dont les sombres horreurs
Surpassent les horreurs dont la mort est suiuie,
   Funestes lieux, où les noires fureurs
Viennent pour acheuer l'ouurage de Siluie ;
Si ie vous racontois mon mal & mes amours,
   Vous y verriez tous les traits d'vne flamme
A toucher vos Lions, vos Tigres, & vos Ours,
   Et qui n'ont sçeu toucher son ame.

   Mais en l'estat où m'a reduit le sort,
A leur faire pitié, j'aurois peu d'auantage,
   Et dans vn mal où ie cherche la mort,
Loin de les adoucir, j'ay besoin de leur rage:
Enfin, que seruiroit à mes tristes amours
   Par le recit d'vne si belle flamme
De toucher vos Lions, vos Tigres, & vos Ours,
   Puis qu'ils n'ont sçeu toucher son ame?

AIR
DE M. DE LA BARRE.

Allons, allons reuoir l'objet de mon tourment,
Ses yeux d'vn seul regard peuuent en vn momét
Soulager l'ardeur qui me tuë ;
Mais ie me flatte en vain d'vn si charmant espòir,
Pour guerir ie cherche à la voir,
Et tout mon mal ne vient que de l'auoir trop veuë.

AIR.

B. D. B.

Av milieu des plaisirs les plus doux de la vie,
    Tout me déplaist si ie ne voy Siluie:
Ie la cherche en tous lieux, & ie crains de la voir;
Ie sens dans mon esprit vn embarras extrême,
Si l'on peut quelquefois aimer sans le sçauoir,
    Helas! ie croy que j'aime.

M. DE LA TVILLIERE.

AIR.
B. D. B.

Admirant de vos yeux la charmante douceur,
I'ay senty dans mon cœur
Ce que l'on sent lors que l'on aime,
Depuis ce doux moment ie connois bien qu'amour
Y regnoit depuis plus d'vn iour,
Mais ie n'en sçauois rien moy mesme.

M. DE LA TVILLIERE.

A

AIR
DE M. DE MAVLEVRIER.

A Vos beautez il faut qu'on s'abandonne
    Malgré toute voſtre rigueur,
Et l'on n'eſt pas digne d'auoir vn cœur,
Belle Philis, ſi l'on ne vous le donne.

C'eſt vn deſtin que la raiſon ordonne
    D'eſtre pour vous plein de langueur,
Et l'on n'eſt pas, &c.

M. LE MARQVIS DE MAVLEVRIER.

A

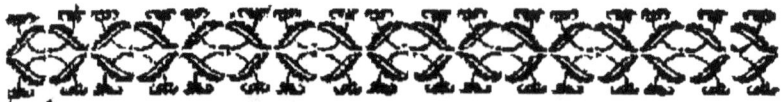

SARABANDE DE BACHVS
Pour le Ballet de la naissance de Venus.

AH! pourquoy
Faire tant la Tigresse?
Ah! pourquoy
Se mocquer de ma foy?
Quand vous auriez vn peu plus de tendresse
Tout iroit mieux & pour vous & pour moy.

B. D. B.

Peut-on bien
Vous voir charmante & belle,
Peut-on bien
Vous voir & n'aimer rien?
Il faut qu'vn cœur soit à l'amour rebelle
Pour le pouuoir, mais ce n'est pas le mien.

Vos appas
Sont par tout redoutables,
Vos appas
Causent mille trépas,
Vous l'emportez dessus les plus aimables;
Mais en douceur vous ne l'emportez pas.

M. M***

AIR
DE M. LAMBERT.

Allez-vous-en, tous mes plaisirs,
  Celimene s'en est allée,
Et laisse mon ame troublée
De desespoir & de desirs;
Quittez moy, suiuez cette Belle,
Et ne reuenez qu'auec elle.

MIS EN CHANT.

AIR
DE M. MOVLINIE'.

Aimons-nous, ma Siluie,
Aimons-nous tendrement,
Et passons nostre enuie
Dans ce plaisir charmant;
Les iours de nostre vie
Ne durent qu'vn moment,
Aimons-nous, ma Syluie,
Aimons-nous tendrement.

    Aimons-nous, mon Cleandre,
Aimons-nous, i'y consens,
A quoy bon se deffendre
Des plaisirs innocens?
Laissons-nous donc surprendre
Aux charmes de nos sens;
Aimons-nous, mon Cleandre,
Aimons-nous, i'y consens.

A

SARABANDE.

B. D. B.

Aimons-nous, aimable Bergere,
Car nous n'aimerons pas toûjours,
Le temps d'vne aile trop legere
S'enuole & rauit nos amours:
Montre-toy bonne ménagere
Des plus doux plaisirs d'icy bas;
C'est vne chose passagere,
Mais toy-mesme ne l'es-tu pas?

Quoy mal vser ? ô quelle honte!
De la fleur de tes jeunes ans?
Songes qu'vn iour tu rendras compte
D'auoir si mal passé le temps:
Sois donc meilleure mesnagere
Des plus doux, &c.

B. D. B.

AIR

MIS EN CHANT.

AIR
B. D. B.

Aprés mille tourmens soufferts,
Le cœur ingrat de celle que ie sers,
Aux vœux d'vn autre Amant s'est rendu fauorable;
Amour, pourquoy les miés ne l'ont-ils point charmé?
Ah! c'est que sous ta loy, l'objet le plus aimable,
  N'est pas toûjours le plus aimé.

  Ma constance, ma fermeté,
Ma foy, mes soins, & ma fidelité
Sont de mon triste sort la cause inéuitable:
Amour, pourquoy son cœur n'en est-il point charmé?
Ah! c'est que sous ta loy l'objet le plus aimable
  N'est pas toûjours le plus aimé.

AIR
DE M. LAMBERT.

A Quoy m'engagez-vous, adorable Siluie ?
Vous m'ordonnez d'aimer, hé bien j'en suis
    content :
  Ouy, j'aimeray toute ma vie :
Mais si vous n'auez pas dessein d'en faire autant,
A quoy m'engagez-vous, adorable Siluie ?

Ie veux aimer toûjours de toute mon enuie,
Ie veux viure & mourir amoureux & constant,
  Ouy, &c.

M. BAVDOVIN.

MIS EN CHANT.

A

CHANSON
DE M. DE MOLLIER
POVR MADEMOISELLE DE SEVIGNY.

AYmez, charmante Blonde,
Gouſtez ce doux plaiſir,
De tous les cœurs du monde
Vous auez à choiſir :
Aimez, charmante Blonde,
Gouſtez ce doux plaiſir.

Pendant voſtre jeuneſſe
Donnez-vous à l'amour,
Le temps coule ſans ceſſe,
Et n'a point de retour :
Pendant voſtre jeuneſſe
Donnez-vous à l'amour.

Si vous eſtes habile,
Employez bien le temps,
Il n'eſt rien ſi fragile
Que les fleurs du Printemps :
Si vous eſtes habile,
Employez bien le temps.

Profitez de vos roses
Pendant qu'il en est bruit,
Le temps qui fait les choses,
Luy-mesme les détruit :
Profitez de vos roses
Pendant qu'il en est bruit.

Voſtre cœur le demande,
Et vous luy reſiſtez,
Que voſtre erreur est grande,
Si vous n'y conſentez !
Voſtre cœur le demande,
Et vous luy reſiſtez.

Soyez moins rigoureuſe
A vos propres deſirs,
Vne peine amoureuſe
Fait naiſtre cent plaiſirs ;
Soyez moins rigoureuſe
A vos propres deſirs.

Sçauoir qu'on vous adore,
N'eſt pas aſſez pour vous ;
Paſſez, paſſez encore
A des plaiſirs plus doux ;
Sçauoir qu'on vous adore,
N'eſt pas aſſez pour vous.

Il faut eſtre charmée
Quand on peut tout charmer,
Le plaiſir d'eſtre aimée
Eſt dans celuy d'aimer :
Il faut eſtre charmée
Quand on peut tout charmer.

Il vient vn temps, cruelle,
Qu'on veut ce qu'on ne peut,
Mais tant que l'on est belle
On peut tout ce qu'on veut:
Il vient vn temps, cruelle,
Qu'on veut ce qu'on ne peut.

De craindre si l'on aime,
Que l'on ne soit contraint,
C'est s'enchaisner soy-mesme,
Et souffrir ce qu'on craint:
De craindre si l'on aime,
Que l'on ne soit contraint.

AIR
DE M. LAMBERT.

Amour, Amour, que tes loix sont cruelles!
Vn inconstant gouste mille plaisirs;
Les longs ennuis, les pleurs, & les soûpirs
Sont reseruez pour les Amans fidelles:
Amour, amour, que tes loix sont cruelles!

M. DE PELLISSON.

MIS EN CHANT.

AIR.

B. D. B.

Avec tant de regards la perfide Climene
M'attiroit tous les iours à l'amoureuse peine,
Qu'enfin ie me rendis à de si doux abus :
    Mais, helas ! la cruelle,
Alors qu'elle connut que ie bruslois pour elle,
    Elle ne me regarda plus.

Ie croyois que ses yeux m'expliquoient son martyre,
Que sa chaste pudeur n'osant pas me le dire,
Elle auoit eu recours à leur doux entretien :
    Mais, helas ! la cruelle,
Alors qu'elle connut que ie bruslois pour elle,
    Ses yeux ne me dirent plus rien.

GAVOTTE.

B. D. B.

Assis dessus la fougere,
Tircis à l'ombre d'vn bois
S'écrioit à haute voix,
En caressant sa Bergere ;
Dieux ! ne soyez point jaloux,
De me voir plus heureux que vous.

Auprés de mon Vranie,
Tout me rit, tout m'est charmant ;
La crainte du changement
Ne vient point troubler ma vie ;
    Dieux ! &c.

Si c'est vn plaisir extréme
Que d'aimer & d'estre aimé ;
Si l'on doit estre charmé
Possedant la beauté mesme :
    Dieux ! &c.

B. D. B.

MIS EN CHANT.

AIR
DE M. LAMBERT.

ARreſte, Amour; que veux-tu faire?
Philis vſe mal de tes dards:
La mort eſt dans ſes doux regards,
Elle tuë à force de plaire;
En nous faiſant aimer elle nous fait mourir,
Car elle ſçait bleſſer & ne ſçait pas guerir.

M. GILBERT.

A

SARABANDE.

B. D. B.

Allons, mon cœur; ah ! c'eſt trop ſe contraindre,
Allons chercher quelque bois écarté,
Où nous pourrons en liberté
Gemir, ſoupirer, & nous plaindre
De la rigueur d'vne ingrate beauté:
Allons, mon cœur, ah ! c'eſt trop ſe contraindre!

B. D. B.

GAVOTTE.

A Quoy nous sert tant de plainte
Quand on peut se soulager ?
Quittons Iris pour Aminte,
C'est plaisir que de changer;
Qu'elle en fasse autant sans crainte,
C'est plaisir que se vanger.

L'amour n'est point vn martyre ;
Ce n'est plus qu'vn vieux discours :
L'Amant adroit qui soupire
Trouue bien-tost du secours ;
Et la constance a beau dire,
La nouueauté plaist tousiours.

A

AIR
DE M. BOISSET.

AH ! si vous connoissiez les plaisirs infinis
Que ressentent deux cœurs que l'Amour tient
    vnis,
Vous seriez, belle Iris, plus sensible & plus tendre,
  Mais, helas ! qu'vn Amant
  Souffrira de tourment
  Auant que vous l'apprendre.

AIR.

MIS EN CHANT.

AIR.

AMarante renient; prépare-toy, mon ame,
　　Au plaisir de la voir:
Mais resous toy d'auoir pour elle autant de flamme
　　Qu'vne ame en peut auoir.

Elle aura conserué, cette Beauté celeste,
　　Qui cause mon transport;
Mais elle aura gardé cette froideur funeste
　　Qui peut causer ma mort.

A

AIR
DE M. DE LA BARRE.

Allez, soûpirs, allez trouuer Iris,
    Allez luy dire mon martyre:
Mais si cette Beauté pour vous a du mépris,
Loin de vous retirer de son cruel Empire;
Allez, soûpirs, allez trouuer Iris,
    Allez luy dire mon martyre.

MIS EN CHANT.

A GAVOTTE.
B. D. B.

A L'ombre d'vn buisson
La Bergere Lisette
Repetoit la Chanson
Que Tircis auoit faite,
Sur ses attraits vainqueurs
Qui gagnent tous nos cœurs.

Mille petits oiseaux
Qui dans le verd bocage,
Au murmure des eaux
Mesloient leur doux ramage;
Pour la mieux écouter
Cesserent de chanter.

Mais bien-tost elle fut
Sans voix & sans haleine,
Deslors qu'elle apperceut
Son Berger dans la plaine,
Qui dessus l'herbe assis
En contoit à Cloris.

La Bergere soudain
Témoigna sa colere,
Et forma le dessein,
Voulant se satisfaire,
De ne iamais songer
A ce lasche Berger.

B. D. B.

RECVEIL DES PLVS BEAVX VERS

AIR
DE M. DE BEAVMONT.

Amour est en courroux, trop aimable Bergere,
　　Il gronde contre vous;
　　Appaisez sa colere,
Aimez, aimez, si vous voulez luy plaire.

MIS EN CHANT.

GAVOTTE
DE M. MARTIN.

ASsis prés d'vne fontaine,
Tircis ce fidelle Amant,
Pensoit tousiours à Climene,
Et disoit en soupirant;
Comment finira la peine
Que ie souffre nuit & iour?
Elle est tousiours inhumaine,
Et j'ay tousiours de l'amour.

M. CORNV.

AIR
B. D. B.

AMour, la jeune Iris se rid de ton pouuoir;
Pour luy faire sentir, fais vn peu ton deuoir;
De cette ame si fiere entreprens la victoire;
Si tu ne la reduis, il y va de ta gloire;
Il faut pour ton honneur la ranger sous ta loy,
Fais donc qu'elle aime vn iour, & faisque ce soit moy.

MIS EN CHANT.

AIR
DE M. RICHART.

A Prés les pleurs que j'ay versez,
Et les sanglots que j'ay poussez
Dans vne douleur incroyable:
Ie voy ce bel Astre des Cieux
Que le destin impitoyable
Auoit éloigné de mes yeux.

RECVEIL DES PLVS BEAVX VERS

A

AIR.

R.

A Dieu ma belle Amaranthe,
En vous quittant ie vay mourir,
Ie suis resolu de perir ;
Car mon ame est si constante
Qu'elle ne peut iamais guerir.

MIS EN CHANT.

AIR
DE M. LE CAMVS.

Bois écartez, lieu solitaire,
Pour m'affranchir des loix d'vne beauté seuere,
Ie suis venu chercher ce paisible sejour,
I'y croyois oublier vne ingrate que j'aime;
Mais à toute heure, helas! vostre silence mesme
Me dit que pour Iris, ie dois mourir d'amour.

GAVOTTE.

B. D. B.

BEau sujet de mes tourmens!
Belle Iris, est-il possible
Qu'à la douleur que ie sens
Vous soyez si peu sensible!
Quoy ? n'auez-vous des appas
Que pour donner le trépas?

Vous sçauez qu'à vos attraits
I'ay tousiours esté fidelle,
Que mon cœur ne fut iamais
Bruslé d'vne amour nouuelle;
Quoy ? vous le sçauez, helas!
Et vous voulez mon trépas?

B. D. B.

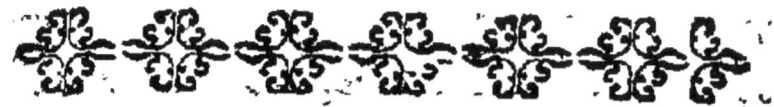

AIR
DE M. D'AMBRVIS.

Beaux yeux, que me demandez-vous
Par vos regards tendres & doux?
Ie suis déja sous vostre Empire;
Ie sens que mon cœur en soupire;
Mais si l'on vous met en courroux
En vous declarant son martyre,
Beaux yeux, que me demandez-vous?

GAVOTTE.

Beaux yeux! pour qui ie soûpire,
Et dont les traits sont si doux,
Le moyen que ie respire
Estant eloigné de vous?

Quoy? ie vay quitter vos charmes,
Et dans cet éloignement
I'ay des soupirs & des larmes
L'vnique soulagement.

Ah! que mon ame est atteinte
D'vne mortelle douleur!
Et que vous l'auez bien peinte
Dans mes yeux & dans mon cœur!

Cent fois j'ay bruflé d'enuie,
Aimable objet que ie sers,
D'exposer pour vous ma vie
Dans les feux, & dans les fers.

M. L. D. D. S. A.

SARABANDE

SARABANDE

DE M. DE CHAMBONNIERE.

BElle Iris, apprenez ce que c'est que d'aimer;
Si vous le trouuez bon, ie veux bien vous l'ap-
    prendre;
Prestez-moy vostre cœur, laissez moy l'enflammer,
Et puis, si vous voulez, j'aime mieux vous le rendre.

On vous a dit souuent qu'amour est vn grand mal,
Et qu'il fait à nos cœurs des blessures mortelles;
Mais, ô Dieux! quelle erreur! c'est vn bien sans égal,
Croyez-moy, belle Iris, j'en sçay bien des nouuelles.

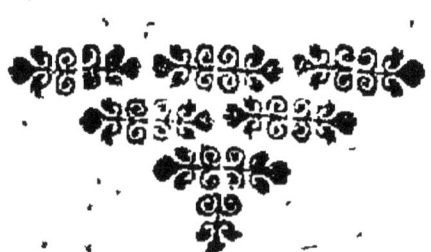

B.

CHANSON
DE M. DE MOLLIER.

En vain j'éuite.

BEauté rebelle au Dieu d'amour,
Bien que pour vos yeux chaque iour
  Sans espoir on soûpire,
Vous flechirez sous son empire.

Dans les filets de ce vainqueur,
Qui connoist bien le fonds du cœur,
  Et n'épargne personne,
Qui n'y croit pas donner, y donne.

Nul ne s'exempte de ses loix,
Et contre ce rusé matois
  En vain l'on se cantonne;
Il faut aimer quand il l'ordonne.

Pour conseruer sa liberté,
En vain on s'arme de fierté,
  Et long-temps l'on façonne;
Il faut aimer quand il l'ordonne.

MIS EN CHANT.

Dépeschez-vous de consentir,
Et preuenez le repentir
   Que produit la tendresse,
Quand sur le tard Amour vous blesse.

En m'éloignant de vos beaux yeux,
Par qui l'Amour regne en ces lieux
   Sur tout ce qui respire,
Auec raison mon cœur soûpire.

Bien que l'espoir flatte mes sens,
Ie sçay le destin des absens,
   Et ce que veut l'vsage,
Le seul oubly fait leur partage.

B

AIR.

Bien-heureuse est la vie
Que mene le Berger;
De crainte & danger
Elle n'est point suiuie.
O bien-heureuse vie, ô bien-heureux sejour,
Tout plein d'innocence & d'amour.

MIS EN CHANT.

B.

AIR.

B. D. B.

BElle Philis, malgré vos yeux si doux,
Ie ne veux point brusler d'vne flamme nouuelle,
    Celle d'Vranie est trop belle,
Cessez donc de tirer tant d'inutiles coups;
Ils sont trop pretieux pour vn cœur infidelle,
Et le mien le seroit s'il se donnoit à vous.

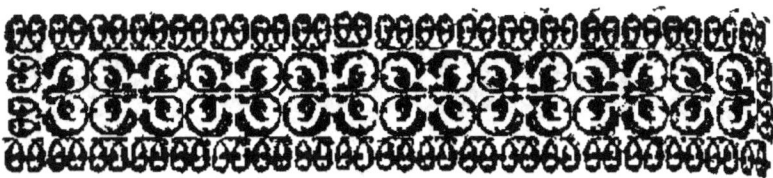

AIR
DE M. MARTIN.

BEaux yeux qui m'attaquez auecque tât d'attraits,
Que mon cœur est contraint de ceder à vos charmes,
Qui pourroit resister à de si fortes armes?
Contre des conquerans on ne gagne iamais.

Vos regards amoureux ont des charmes si doux,
Qu'on ne peut éuiter d'estre pris dans leurs chaisnes,
Sans craindre les rigueurs, les mépris ny les gesnes,
On est trop glorieux de soûpirer pour vous.

MIS EN CHANT.

AIR.

BEaux arbrisseaux, beaux lieux d'ombres couuerts,
    Agreable prairie,
    Toûjours verte & fleurie,
Riuages toûjours beaux & verds,
    Fauoris de Siluie,
Que voſtre ſort eſt doux! qu'il eſt digne d'enuie!

AIR
DE M. MOULINIÉ.

Bien que l'Amour contente mes desirs,
Et que ie sois aimé d'vn objet adorable,
Mon cœur jaloux pousse mille soûpirs;
Ah! que mon sort est déplorable!
Ie suis heureux & miserable,
Et ie meurs de douleur au milieu des plaisirs.

Tout m'est suspect; les moindres souuenirs,
Vn penser, vn soûpir, vn regard fauorable,
Ie suis jaloux de l'ombre des Zephirs;
    Ah! que mon sort, &c.

B.

SARABANDE.
B. D. B.

Bien que Philis me soit cruelle,
Que mes tourmens soient ses plaisirs,
Ie ne puis changer de desirs,
Et ne veux aimer iamais qu'elle ;
Amour me dit que i'ay raison,
Puis qu'elle est sans comparaison.

B.

AIR
B. D. B.

Beauté dont ie suis la victime,
Si vous aimer, est faire vn crime,
Vous ne m'en deuez point blâmer;
Car vos yeux adorables
Sont les premiers coupables,
Ce sont eux qui m'ont dit qu'il faloit vous aimer.

M. CIVART.

AIR
DE M. LAMBERT.

Beaux yeux qui me charmez,
Declarez-vous, dites si vous m'aimez,
Ou si pour moy vous n'auez rien de tendre;
Si vous m'aimez, ie suis prest à me rendre,
Et prest encor d'adorer vos appas,
     Si vous ne m'aimez pas.

AIR
DE M. PERDIGAL.

BEaux yeux que j'aime, & que j'adore,
Ah ! que me dit voſtre langueur ?
Vous ay-je pas donné mon cœur ?
Helas ! que voulez-vous encore ?

Le mal cruel qui me devore,
Tous mes ſoûpirs, & tous mes pleurs
Vous diſent aſſez que je meurs ;
Helas ! que voulez-vous encore ?

RECIT

RECIT D'ESCVLAPE
DE M. BATISTE.

BEl Art qui retardez l'infaillible trépas,
En secrets merveilleux vostre science abonde;
   Faut-il que vous n'en ayez pas
Contre le plus commun de tous les maux du monde?

Vn cœur tout languissant, & qui s'en va mourir,
Mettroit-il son espoir en vos seules racines?
   C'est à l'Amour à le guerir,
Et comme il fait les maux, il fait les medecines.

            M. DE BENSSERADE.

GAVOTTE.

B. D. B.

Bien que vous soyez l'vnique
En mille & mille agremens,
Apres-tour, belle Angelique,
Vous rebutez vos Amans:
Vsez-en d'autre maniere,
Ah ! moderez vos rigueurs,
Il faut estre vn peu moins fiere
Si l'on veut garder les cœurs.

Bien que vous charmiez sans cesse
Et les hommes, & les Dieux,
Ayez vn peu de tendresse,
Vous vous en trouuerez mieux;
Viuez de cette maniere,
Ah, moderez vos rigueurs !
Il est bon d'estre moins fiere
Si l'on veut gagner les cœurs.

RONDEAU
DE M. BATISTE.

BElle inhumaine,
Soulagez la peine
Que pour vous vn pauure Amant
Souffre injustement.
Quand pour vous ie soûpire,
Ah ! n'entendez-vous pas bien,
Iris, que ie veux vous dire,
Quoy que ie ne dise rien.
   Belle inhumaine, &c.

Non, voſtre ame peu tendre
Ne pourra iamais entendre
Que j'expire ſous vos loix,
Quand d'vne triſte voix
Ie vous redirois mille & mille fois,
   Belle inhumaine, &c.

                 B. D. B.

AIR
DE M. LE CAMVS.

BElle Iris, c'est trop balancer,
Si ie dois mourir ou me plaindre;
Me plaindre c'est vous offencer,
Mais aussi c'est trop se contraindre,
De mourir sans se plaindre.

Parlons donc; non, ne parlons pas,
Il vaut mieux mourir sans se plaindre,
Quand on est si prés du trépas,
On n'a plus guere à se contraindre :
Mourons donc sans nous plaindre.

M. DE LA SALE

GAVOTTE.

B. D. B.

BElle & charmante fontaine
Que ie groſſis de mes pleurs,
Soyez ſenſible à ma peine,
Auſſi-bien qu'à mes douleurs:
Mais, helas! ma plainte eſt vaine,
Vous ignorez mes malheurs.

Ie soûpire icy ſans crainte
Parmy les prez & les bois,
Et ie profere ma plainte
Contre l'Amour & ſes loix:
Ma douleur en eſt dépeinte
Dans mes yeux & dans ma voix.

L'Aurore ſur ce riuage
A fait naiſtre mille fleurs,
A qui ie viens rendre hommage,
Les arrouſant de mes pleurs,
Auec elle ie partage
Mes plus ſenſibles douleurs.

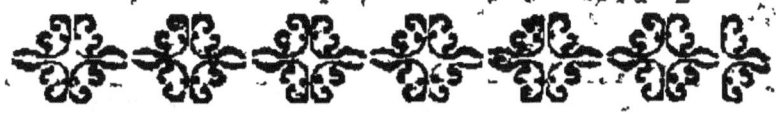

ENTRE'E DE BALET
DE M. BATISTE.

BElle Iris, ie sens vn mal qu'on ne peut dire,
    Qui fait qu'on soûpire,
    Et trouble le sens ;
    Ie le trouue assez doux,
    Lors que ie suis auprés de vous,
    Ie languis & nuit & iour ;
        Pour moy,
        Ie croy
    Que ce mal est l'Amour.

SVITTE.

    Chacun a beau me dire,
Qu'Amour est toûjours charmant,
Pour suiure son Empire,
Et pour deuenir Amant :
Helas ! j'aime trop à rire,
Et ie hay trop le tourment.

SVITTE.

BElle Iris, ie soûpire,
Vous ne faites qu'en rire,
Pour vous à tout moment
Ie souffre vn rigoureux tourment:
    Mes vœux,
    Mes feux,
    L'Amour,
    Vn iour
Pourront vous en donner à vostre tour.

M. M**.

GAVOTTE.

B. D. B.

BElle & charmante Nanette,
Qu'en vous ie trouue d'appas !
Que pour vous dans ma retraitte
Ie vais soupirer tout bas ;
Belle & charmante Brunette,
Ne vous en offencez pas.

Ie ne connois rien d'aimable
Et de touchant comme vous,
Vostre grace est admirable,
Vos yeux sont brillans & doux :
Mais que ie tiens miserable
Quiconque cede à leurs coups.

De vostre accueil plein de charmes
On peut beaucoup esperer,
Mais dés qu'on vous rend les armes,
Et qu'on s'ose declarer ;
Ie croy qu'à bien des-alarmes
Vn cœur doit se preparer.

COVPLETS
DE M. DE MAVLEVRIER.

Sur la sarabande,
Belle Iris malgré voſtre couroux, &c.

IE m'eſtois broüillé auec l'Amour,
Et croyois que ce fuſt ſans retour;
Mais vos yeux ont fait en vn moment
D'vn regard, noſtre accommodement.

Maintenant que nous ſommes en paix,
I'aimeray ce Dieu plus que iamais;
Mais ie veux pour en vſer ainſy,
Belle Iris, que vous l'aimiez auſſy.

Renoncez à toutes vos rigueurs;
Rendez-vous digne de ſes faueurs,
Les plaiſirs que promet l'amitié,
Ne ſont rien, s'il n'en eſt de moitié.

MENVET
DE M. DE MOLLIER.
POVR MADEMOISELLE DE SEVIGNY.

BElle Iris, qui dansez tout le iour,
  Et dont l'air & la grace
 Charment nostre Cour:
Comme il faut que chacun ait son tour,
  Que nostre Cour vous fasse
 Naistre vn peu d'amour.

A la danse on ne peut vous passer,
  Et vous estes plus belle
 Qu'on ne peut penser;
Mais l'Amour commence à se lasser,
  Que vous n'aimiez, cruelle,
 Rien tant qu'à danser.

L'on vous voit, sans pousser vn ; helas!
  De mille Amans malades,
 Causer le trépas,
Vostre danse a pour eux des appas,
  Mais l'Amour de gambades
 Ne se paye pas.

Aimez donc, & changez de dessein,
Contre Amour tenir ferme,
C'est tenir en vain ;
Et ce Dieu logé dans vostre sein,
Ne vous donne plus terme
Que jusqu'à demain.

M. DE MOLLIER.

A quoy bon prés de vous m'attacher,
Puisque rien, Celimene,
Ne peut vous toucher ?
Vostre cœur est vn cœur de rocher,
Et le mien craint la peine
Qui couste si cher.

M. M**

COUPLETS SUR L'AIR DE LA DUCHESSE.

Beauté qui d'vn regard si doux,
Communement payez qui vous cajolle,
Dessus ma parole
Prenez garde à vous,
Estant du bois dont on fait les coquettes,
Plantez-moy là ces diseurs de fleurettes.
Tres-souuent les plus fieres,
Et plus loin d'aimer,
Au son de leurs prieres
Se laissent charmer,
Deposent elles-mesmes
A leurs pieds leurs diadêmes,
Et font leurs Souuerains,
De ces marchands forains.

MIS EN CHANT.

Il faut d'vn courage indompté,
Belle Philis, si vous me voulez croire,
Chercher dans la gloire
Voſtre ſeureté :
Plûtoſt mourir que de rendre les armes
A ces fondeurs de ſoûpirs & de larmes,
Iamais ils ne reſpandent
D'encens ſuperflus;
Ont-ils ce qu'ils demandent?
Ils ne brûlent plus;
Et iamais le Notaire,
Le Paſteur ny ſon Vicaire,
N'ont fait choir ſi ſoudain
L'encenſoir de leur main.

M. PATRIS.

RESPONSE.

Fuyez ces Docteurs inhumains,
Dont les conſeils defendent les tendreſſes,
Et taillent en pieces
Les marchands forains :
Si leurs conſeils ſe mettoient en pratique,
Que deuiendroient tant de gens ſans boutique?
Aimable Parthenice,
Ne les croyez pas,
Permettez qu'on languiſſe
Pour vos doux appas,
Vne fille bien ſage,
Peut, ſans que ſon cœur s'engage,
De mille & mille Amans
Souffrir les complimens.

Durant l'Amour de vos beaux ans,
Où la douceur d'vn aimable martyre,
Met sous vostre empire
Tous les plus galands,
Il faut par tout étendre vos conquestes,
Et que pour vous tous les iours soient des festes,
D'vne triste retraitte
La seuerité,
Croyez-moy, n'est pas faite,
Pour vostre beauté ;
Et pour auoir victoire
Des jaloux de vostre gloire,
Voyez jusqu'au dernier,
Ces chiens du jardinier.

M. DE VERDERONNE

AIR
DE M. DE MOLLIER.

Cessez, mes yeux, cessez de regarder Siluie,
Mon cœur, qui mieux que vous connoist cette
    ennemie,
       Me dit que vos plaisirs
       Me cousteront la vie;
       Il contraint ses desirs,
       Contraignez vostre enuie,
Cessez, cessez mes yeux de regarder Siluie.

          M. LE PRESIDENT DE P***.

AIR

DE M. L'AMBERT.

CE n'est pas assez d'estre belle
Pour me soûmettre sous sa loy,
Il faut qu'on aime comme moy,
Si l'on veut que ie sois fidelle;
Et si l'on ne m'aide à souffrir,
Ie sçay bien comme il faut guerir.

Il est vray qu'Iris est aimable,
Que tout cede à son air charmant;
Mais comme i'ay fait vn serment
De n'estre iamais miserable,
Ie ne connois point les appas
D'vn objet qui ne m'aime pas.

M. L. D. D. R.

GAVOTTE.

B. D. B.

C'Est me traiter tout comme vn autre,
Puisque vous n'auez point d'Amant,
De ne vouloir pas seulement
Que ie me declare le vostre :
Si ie ne suis que vostre amy,
Vous ne me tenez qu'à demy.

L'amitié n'est que bagatelle,
Ses entretiens sont superflus,
On fait quelque chose de plus
Dans tous ceux où l'Amour se mesle :
Si ie ne suis, &c.

On a plaisir à se connoistre ;
Mais à se connoistre en secret,
A quoy sert il d'estre discret,
Si l'on n'a pas sujet de l'estre ?
Si ie ne suis que vostre amy,
Nous ne nous verrons qu'à demy.

SARABANDE
DE M. DE LA BARRE.

Cessez, Climene,
De faire voir
Vostre pouuoir;
Toute ma peine
Est de sçauoir
Si vous voulez toûjours estre inhumaine.

M. BAVDOVIN.

GAVOTTE
DE M. PERDIGAL.

C'Eſt en vain que ie soûpire
Pour soulager mon tourment,
Vous vous mocquez du martyre
Que ie souffre en vous aimant;
Quoy ? faut-il perdre la vie
Pour adorer vos appas ?
Vous n'y penſez pas, Siluie,
Non, non, vous n'y penſez pas.

***

Ie suis las de tant de peine
Que m'ont fait sentir vos coups,
Maintenant, belle inhumaine,
Rendez mon tourment plus doux;
Car s'il faut perdre la vie,
Pour adorer vos appas,
Ie n'y penſe pas, Siluie,
Non, non, ie n'y penſe pas.

Si l'autre iour dans la plaine
Ie trouuay l'heureux moment
De vous parler de ma peine,
Ne m'en blasmez nullement :
Que ne fait-on dans la vie,
Pour éuiter le trépas ?
Ne m'en grondez pas, Siluie,
Non, non, ne m'en grondez pas.

Le zephir & le riuage
Qui s'aiment comme ie croy,
Me donnerent le courage
De vous parler de ma foy ;
Leur bruit me donna l'enuie
De vous dire vn mot tout bas ;
Ne m'en grondez pas, Siluie,
Non, non, ne m'en grondez pas.

MIS EN CHANT,

AIR
DE M. LE CAMVS.

Climene, vous voulez sçauoir
Si ma raison vn iour n'aura pas le pouuoir
De dégager mon cœur qui languit dans vos chaînes;
Ie ne sçay pas dequoy vous vous embarrassez,
  Ie vous aime, & j'aime mes peines,
  N'est-ce pas vous en dire assez?

RECIT DE BALLET,
DE L'IMPATIENCE.

Courons où tendent nos desirs,
Il n'est pas toûjours temps de gouster les plaisirs,
On ne peut en auoir trop tost la joüissance ;
  Il faut presser pour estre heureux :
Et l'Amour est sans traits, & l'Amour est sans feux,
  Quand il est sans impatience.

  Ces longs soûpirs & ces langueurs
Ne sont bons qu'à nourrir d'éternelles rigueurs,
En fasse qui voudra la triste experience;
  Il faut presser, &c.

MIS EN CHANT.

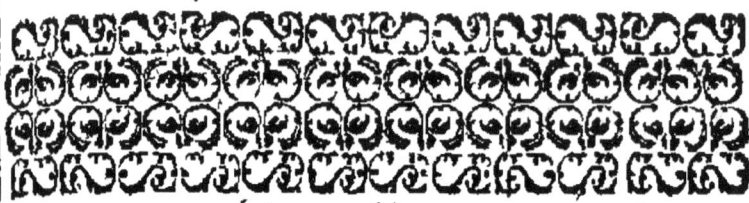

AIR
DE M. LE CAMVS.

COntre mon gré, contre le vostre mesme,
Il faut, beaux yeux, il faut que ie vous aime:
Assez souuent ie veux m'en repentir;
Mais plus souuent il y faut consentir.

SARABANDE.

Ces arbres verds, & leur épais feüillage,
Où bien souuent vous recherchez l'ombrage,
Et dont vous aimez le sejour,
Ne vous parlent-ils point d'amour?

De ce ruisseau l'agreable murmure,
Ce cher témoin des peines que j'endure,
Vous a-t'il pas discrettement
Fait le recit de mon tourment?

Tous les oiseaux qui sont dans ce boccage,
Ne vous ont-ils pas dit en leur langage
Sur des tons doux & languissans,
Le sujet des maux que ie sens?

Aussi faut-il à mon tour vous le dire,
Ie ne puis plus vous cacher mon martyre,
Iris, tout percé de vos coups,
Apprenez que ie meurs pour vous.

SARABANDE
DE M. DE MOLLIER.

Climene voulut changer
Tircis qui brusloit pour elle;
Mais loin de s'en affliger,
Il méprisa l'infidelle,
Et fit pour s'en mieux vanger,
Vne maistresse nouuelle.

AIR.
B. D. B.

Changez, adorable Climene,
Ces rigueurs qui causent ma peine,
Et conceuez pour moy quelque peu d'amitié;
Mais quoy ? plus ie me rends sujet à vostre empire,
Plus ie sens croistre mon martire,
Et moins dans vos beaux yeux ie trouue de pitié.

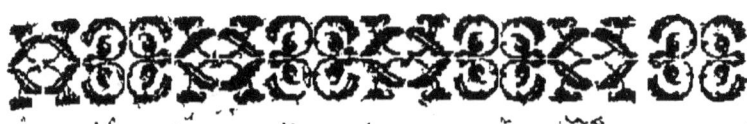

AIR
DE M. VINCENT.

Caliste, rien ne peut vous faire resistance,
 Et vous seule auez la puissance
De captiuer tous nos sens à la fois ;
Nous n'auons point d'assez puissantes armes
 Pour nous garder contre les charmes
De vos yeux, ny de vostre voix.

En vous considerant, tant de rares merueilles
 Charment nos yeux & nos oreilles,
Qu'il faut ceder à leur diuin pouuoir ;
Et c'est assez pour ne se plus deffendre,
 Ou de vous voir sans vous entendre,
Ou de vous oüir sans vous voir.

AIR.

C'Est trop contraindre mes desirs,
Amour va découurir la douleur qui me touche,
Et Philis sourde à mes soûpirs,
Ne la pourra plus estre aux accens de ma bouche,
Ie la diray,
Et s'il faut mourir, ie mourray.

LA MATELOTTE
DE M. DE MOLLIER.

Climene n'a point sa pareille;
Climene a l'esprit tout divin,
Elle a l'air fin,
Et les yeux beaux comme le teint.
Elle a la bouche vermeille,
Et dedans,
Sont de beaux ameublemens,
Qu'on appelle des dens.

M. POTEL L. R.

COVRANTE.

Chacun fait son traité,
Et ie veux bien qu'aussi ma liberté
Donne des articles à vostre beauté;
Prenez plaisir à voir
Chacun dans son deuoir,
Et toutes choses goustant la paix,
Accordons aussi mon cœur & vos attraits.

Helas! ie m'en souuiens,
Ferme & constant ie baisois mes liens,
Quand toute la France rejettoit les siens;
Ah! si vostre fierté,
Tyrannique beauté,
Traite en rebelles les plus soûmis,
Comment traittez-vous vos plus grands ennemis?

GAVOTTE.
B. D. B.

C'Est trop presumer, belle Iris,
Du pouuoir de tes charmes,
Amour s'irrite des mépris
De celuy de ses armes :
Ne veux-tu pas aimer
Aussi-bien que charmer ?

En vain ta seuere raison
Veut rejetter sa chaisne,
Il n'est pas toûjours de saison
De faire l'inhumaine :
Iris, il faut aimer
Aussi-bien que charmer.

A quoy seruiroient ces appas
Dont le Ciel t'a pourueuë,
Ces traits qui portent le trépas
Où tu portes la veuë,
Si tu ne veux aimer
Aussi-bien que charmer.

C'est en vain que par ta rigueur
Tu penses t'en dédire :
Quand l'Amour touchera ton cœur
Il faudra qu'il soûpire ;
Enfin il faut aimer
Aussi bien que charmer.

SARABANDE.

B. D. B.

CHarmantes eaux que l'on vante si fort,
Ie viens à vous pour me plaindre du sort:
Que ie serois heureux si vostre doux murmure
Pouuoit vn peu flater les tourmens que j'endure!

Doux entretien des plaisirs innocens,
Qui nuit & iour flattez si bien nos sens;
Que ie serois heureux, &c.

B. D. B.

MIS EN CHANT.

AIR
DE M. BOESSET LE PERE.

Cleandre voyant de retour
L'objet dont son ame est blessée,
Ne pût deffendre à sa pensée
D'exprimer ainsi son amour :
Amatillis, que j'aime peu la vie,
Dés le moment que vous m'estes rauie.

C

AIR.

Cruelle Iris, faut-il vous dire
Quels sont de mon amour les transports languissans
Vos beaux yeux peuuent-ils me causer le martyre,
Et ne voir pas les maux que ie ressens ?

AIR.

B. D. B.

Charmante Iris, si ie vous aime,
Ne vous plaignez que de vous-mesme;
Helas! ie viuois loin de vous
Dans vne paix profonde,
Pourquoy me faire voir les plus beaux yeux du môde,
Si tendres & si doux?

M. DE LA TVILLIERE.

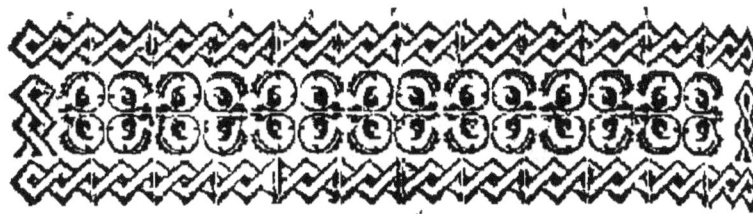

AIR.

B. D. B.

C'Est trop mettre en vsage
De charmes à la fois,
Quoy ? d'vn Ange la voix,
Ainsi que le visage :
Helas ! en faut-il tant
Pour vn cœur qui se rend ?

SARABANDE.

CErtaine jeunette
Qui n'est point brunette,
En dépit de moy,
A mis, la cruelle,
Ma pauure ceruelle
Tout en desarroy.
Son teint, son visage,
Causent ce rauage :
Mais, las ! ie ne puis,
Quoy que proche d'elle,
Dire à cette belle,
L'estat où ie suis.

GAVOTTE.

B. D. B.

DEux beaux yeux, vne belle bouche,
Tout ce qui fait vne beauté,
N'engage point ma liberté,
Quand on est d'vne humeur farouche;
Et l'on n'a droit de me charmer
Qu'autant que l'on me sçait aimer.

Fussiez-vous plus belle qu'vn Ange,
Ie ne sçaurois viure en langueur;
Quand ie me deffais de mon cœur
C'est pour le donner en échange;
Et lors que ie suis amoureux,
C'est signe que ie suis heureux.

MIS EN CHANT.

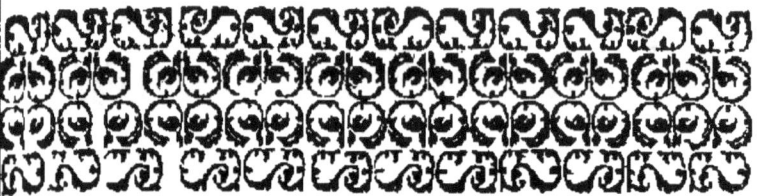

AIR.

Mr DE MOLLIER.

Donne, cruel Amour, à mon cœur agité
Vn moment de tranquillité;
Ie sçay combien Philis est belle;
Mais est-ce vne necessité
Que les tourmens que ie souffre pour elle
Soient aussi grands que sa beauté?

M. LE PRESIDENT DE P***

AIR.

B. D. B.

Depuis le triste iour qu'il fallut vous quitter,
Loin de guerir mon mal extrême,
L'absence & la raison ne font que l'irriter :
Ie n'en sçaurois guerir, il faut que ie vous aime,
Ie sçay bien qu'il n'est rien qui vous puisse enflamer,
Mais, helas ! il est doux, Philis, de vous aimer.

M. DE LA TVILLIERE

AIR
DE M. DE MOLLIER.

Dans l'Empire d'Amour vn desordre s'est mis ;
Dorize, Climene & Philis
En sont dans l'épouuante ;
Beaucoup n'ont déja plus que mépris pour leurs loix,
Et chacun crie à haute voix,
Ah ! ma rente, ah ! ma rente.

Dans ces aimables lieux, dans ce diuin sejour,
Philis, donnons tout à l'Amour,
Ce doux charme de l'ame ;
Disons-nous tour à tour pour calmer nos soucis,
Ah ! ma Philis, ah ! mon Tircis,
Que pour toy i'ay de flame !

Aimons-nous ardemment ; faisons pour estre heureux
Qu'Amour n'ait iamais veu de feux
Si brûlans que les nostres :
Tout plaisir sans l'amour ne sçauroit nous charmer,
Mais, dans le seul plaisir d'aimer
On ressent tous les autres.

M. DE MOLLIER.

GAVOTTE.

B. D. B.

Dans les Chansons que ie compose
Vous ne voulez que des ruisseaux,
Des prez, des bois, des arbrisseaux;
Pour moy i'en deuine la cause:
Belle Philis, c'est qu'ils sont tous
Insensibles comme vous.

Vn rocher, vn lieu solitaire,
Des zephirs, des champs, des forests,
Ont pour vous de fort grands attraits,
Et i'en découure le mystere:
    Belle, &c.

Il vaudroit mieux, belle inhumaine,
Soûpirer tous deux à la fois:
Laissons les rochers & les bois,
Parlons de soulager ma peine;
Et soyez pour vn malheureux
Vn peu plus sensible qu'eux.

B. D. B.

RECIT D'ORPHE'E,
DE M. BATISTE.

Dieux des Enfers,
Helas ! voyez mes peines,
Celle que ie sers
Languit dans vos chaisnes,
Ah ! forcez du trépas
Les loix cruelles,
Et ne separez pas
Deux cœurs fidelles;
Ou rompez ses liens,
Ou brisez les miens.

Ie viens sans horreur
Dans vos Palais sombres
Brauer la terreur,
La mort & les ombres;
Tous les maux qu'aux Enfers
Souffrent les ames,
Sont moindres que mes fers,
Et que mes flammes;
Les plus cruels tourmens
Sont ceux des Amans.

Vous dont les loix
Ont détruit tant de charmes,
Escoutez ma voix,
Et voyez mes larmes;
Par vn sort rigoureux
Plus que les autres,
L'objet de tous mes feux
Est dans les vostres,
Et le iour qui me luit
N'est plus qu'vne nuit.
M. LE DVC DE S. A.

Beaucoup d'Amans
Heureux d'estre en vos chaînes,
Flattent leurs tourmens,
En disant leurs peines;
Le mal est en aimant,
De se contraindre;
Qui se plaint librement,
N'est guere à plaindre,
Tel meurt pour vos appas,
Qui ne le dit pas.
M. QVINAVLT.

Pour vn moment
Souffrez, belle inhumaine,
Qu'vn fidelle Amant
Vous conte sa peine;
Peut-estre qu'au recit
De sa misere;
Mais las! j'en ay trop dit,
Cet œil seuere
Me dit qu'il faut souffrir,
Se taire, & mourir.

Mais pourquoy souffrir,
Et pourquoy se contraindre?
Taschons de guerir,
Mon cœur, c'est trop feindre;
Plaignons-nous tout de bon
De la cruelle;
Mais las! elle a raison,
Puis qu'elle est belle,
Et moy ie n'ay pas tort
D'euiter la mort.

      B. D. B.

D

AIR
DE M. LE CAMVS.

Es beaux yeux de Philis éloignons-nous, mon cœur,
Et n'oubliant iamais son injuste rigueur,
Oublions les appas dont le Ciel l'a pourueuë :
Ah ! j'ay beau me flater d'vn si friuolé espoir,
 Puis qu'enfin ie l'ay veuë,
A quoy me seruira de cesser de la voir?

AIR
DE M. LAMBERT.

Dites-moy, belle Iris, seriez-vous sans affaire?
N'auez-vous plus d'Amant, & n'aimez-vous
  plus rien?
Si vous voulez vn cœur qui n'aime qu'à vous plaire,
Que ie serois heureux de vous donner le mien!

Ie seray satisfait, & vous serez contente,
Tous deux dans les plaisirs nous passerons nos iours:
Vous changerez, Iris, vostre humeur inconstante,
Et ie seray serment de vous aimer toûjours.

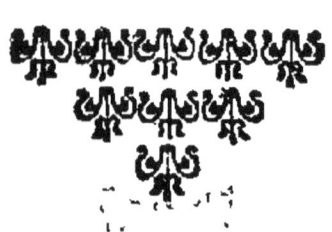

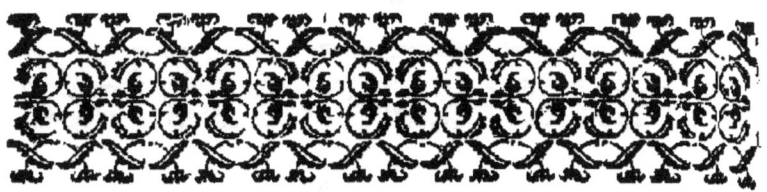

AIR DE BALLET
DE M. BATISTE.

Dans vos chants si doux
Chantez à ma belle ;
Oyseaux, chantez tous
Ma peine mortelle :
Mais si la cruelle
Se met en couroux
Au recit fidelle
Des maux que ie sens pour elle,
Oiseaux taisez-vous.

M. MOLIERE.

AIR
DE M. PERDIGAL.

DEquoy murmurez-vous
Charmans ruisseaux qui coulez dans la plaine ?
Vous voyez tous les jours l'aimable Celimene
Dans vn destin si doux,
Dequoy murmurez-vous ?

Dequoy vous plaignez-vous
Petits oiseaux, dont la plainte est si tendre ?
Parlez de vostre amour, elle vient pour l'entendre,
Vostre sort est si doux,
Dequoy vous plaignez-vous ?

Dequoy soûpirez-vous
Ieunes zephirs, qui dans ce vert bocage
Pouuez quand il vous plaist baiser son beau visage ?
Dans vn destin si doux,
Dequoy soûpirez-vous ?
Ou bien
Que mon sort seroit doux !
Si j'estois comme vous.

M. DE SEGRAIS.

D

SARABANDE.

Dispensez-moy, belle Artenice,
De languir à voſtre ſeruice,
Et de ſoûpirer nuit & iour,
Ie crains trop les effets d'amour;
Puis qu'aprés vous auoir ſeruie,
Les plus conſtans ne gagnent rien,
Ie veux ſeruir toute ma vie
Quelque Cloris qui paye bien.

C'eſt le deſtin des miſerables
D'adorer des objets aimables,
Et de les ſeruir à credit;
Pour moy ie ſers pour le profit,
Puis qu'apres, &c.

M. LE PR. D. MET^H.

MIS EN CHANT.

AIR DE BALLET
DE M. BATISTE.

Dans ces lieux où ie suis parmy tant de belles,
Chacun me met au rang des infidelles,
    Mais ie soûpire
    Dessous l'empire
    D'vne beauté,
    Dont le cœur ne conspire
    Que cruauté,
    Mais pourtant qui m'inspire
    Que fidelité.

            M. L. D. D. R.

COVPLETS,
SVR L'AIR,
Pour éuiter mille jaloux.

DEdans vn lieu fait tout exprés,
Paré de mirte & de cyprez,
Couché dessus vn lit de fleurs,
Emaillé de mille couleurs,
Nous passerons tout le jour
Entre les bras de l'Amour.

Là, nous bannirons tous nos soins,
Là, nous n'aurons point de témoins,
Nous n'entendrons, nous ne verrons
Que des Amours aux enuirons,
Cherchant les plus doux plaisirs
Pour contenter nos desirs.

MADEMOISELLE M**.

MIS EN CHANT.

BRANLE.

Essus cet air nouueau,
Souffrez que ie fasse vn tableau
D'vn pauure Amant malheureux
   Qui ne fait plus de vœux
    Que pour le tombeau :
   Il est maltraité
    D'vne beauté
Qui voit son desespoir,
Sans s'en émouuoir,
Et qui donne des coups
   Sans en receuoir.
Il n'en peut plus, ma foy,
Philis, que diriez-vous
   Si c'estoit moy ?

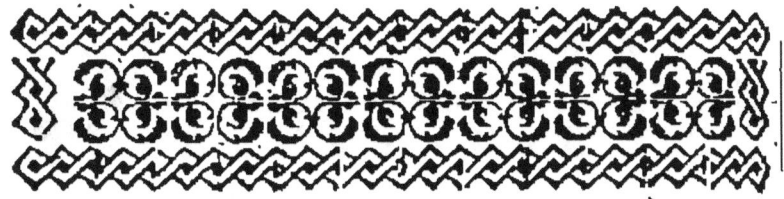

AIR.
B. D. B.

DE discours importuns c'est trop m'entretenir,
C'est trop flater mes sens d'vne esperance vaine,
Nos cœurs en ce moment doiuent rompre ou s'vnir;
Orante, choisissez ou l'amour ou la haine;
Mais si la haine, enfin, l'emporte sur l'amour,
Orante, vostre choix me priuera du iour.

MIS EN CHANT.

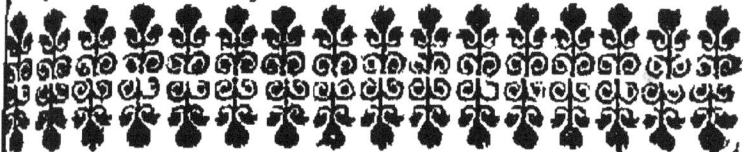

AIR
DE M. LE CAMVS.

DE toutes les beautez j'ay méprisé les traits,
Et toûjours ma raison contre tous leurs attraits,
   M'a fourny d'assez fortes armes :
Mais dans Iris, helas ! par vn secret pouuoir,
    Elle m'a fait voir plus de charmes,
Que l'Amour & mes yeux ne m'en auoient fait voir.

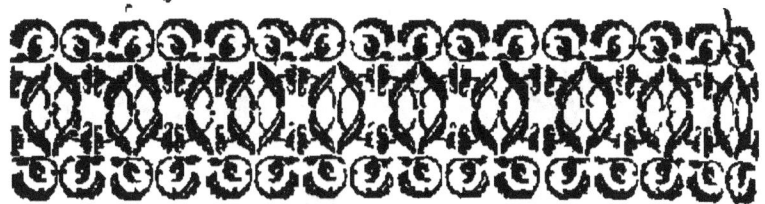

AIR
DE M. BOESSET.

D'Où vient que depuis vn moment,
Ie sens en moy du changement,
Et d'où me vient cette humeur triste?
Ah! c'est que i'ay quitté Caliste.

MIS EN CHANT.

AIR.

Dans l'empire amoureux,
  Quand on est malheureux,
Sans estre criminel, on peut estre rebelle;
Et pour estre inconstant on n'est pas infidelle.
Helas! rien n'est si doux que la diuersité,
Le changement de fers tient lieu de liberté.

M. MENAGE.

Vn cœur doit soûpirer,
  Tant qu'il peut esperer
De fléchir le sujet qui luy cause ses peines;
Mais quand il perd l'espoir, il doit rompre ses chaisnes,
Et lors rien n'est si doux que la diuersité;
Le changement de fers tient lieu de liberté.

M. M***.

D

SARABANDE.

B. D. B.

Eussay-je auoir mille riuaux,
Ie voudrois estre encor sous les loix de Climene,
Car le plus grand de tous les maux,
Est de n'auoir plaisir ny peine.

M. LE MARQVIS DE DANGEAV.

COVRANTE
DE M. DE LAVNAY.

Des yeux de l'aimable Climene
 Les traits sont si doux,
Que malgré sa rigueur & ma peine
 I'en aime les coups:
En vain ie conte mon martyre,
 Et ce qu'il m'inspire
 Contre sa rigueur,
Par leur douce langueur
Ces yeux semblent me dire,
 Garde-moy ton cœur.

Ie sçay que l'ingratte se vante
 De ne rien aimer,
Mais l'amour deceuant son attente
 La peut enflammer:
Entre la crainte & l'esperance
 Mon ame balance,
 Sans pouuoir choisir;
Mais l'espoir du plaisir
Qui flatte ma constance,
 Nourrit mon desir.

M. DE VERDERONNE.

RECVEIL DES PLVS BEAVX VERS
D

AIR
DE M. TOVRNIER.

Dans le desefpoir où ie fuis,
Les plus noires forefts, les plus profondes nuits
Ne font pas aſſez fombres
Pour plaire à ma douleur & flater mes ennuis;
O mort! pour les finir, couure-moy de tes ombres.

AIR

SARABANDE.

B. D. B.

Douter de ma perseuerance,
Ah! Philis, c'est trop de rigueur;
Voyez dans le fonds de mon cœur,
Vous connoistrez mieux ma constance.
Qui peut vous voir vn seul moment,
Et ne pas aimer constamment?

Que vous connoissez peu vos charmes,
Quand mesme vous n'aimeriez pas,
Philis, il faut jusqu'au trépas
Ceder au pouuoir de leurs armes.
Qui peut vous voir vn seul moment,
Et ne pas aimer constamment?

B. D. B.

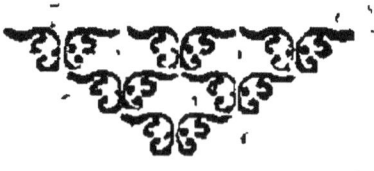

AIR
DE M. LAMBERT.

Dialogue de la PAIX *& de la* FELICITÉ.

LA PAIX.
Douce Felicité, ne quittons point ces lieux.
LA FELICITÉ.
Douce & charmante Paix, où peut-on estre mieux.
TOUTES DEUX.
Ny les trauaux ny les peines
N'habitent plus dans ces bois,
Les Bergers sont comme des Roys,
Les Bergeres comme des Reines.
LA PAIX.
I'y veux estre toûjours.
LA FELICITÉ.
Et moy toûjours aussi.
TOUTES DEUX.
Amour est le seul mal dont on se plaint icy.

MIS EN CHANT.
LA PAIX.
Les vents les plus mutins sont changez en zephirs.
LA FELICITÉ.
Les maux les plus cruels sont changez en plaisirs.
TOVTES DEVX.
Icy quand vn cœur soûpire,
Vn autre cœur luy répond,
Et c'est-là tout le bruit que font
Les Echos qui n'osent tout dire.
LA PAIX.
I'y veux estre toûjours, &c.

D

SARABANDE.

B. D. B.

Donnons à nos desirs
Le plus doux des plaisirs,
Et cueillons nuit & jour
Les doux fruits de l'amour.
Quand on sçait bien aimer,
On ne sent rien d'amer,
Et rien n'est plus heureux
Que deux cœurs amoureux.

M. PETIT.

AIR.

D'Où vient que mon chagrin s'augmente à tout moment,
Voudroit-il m'aduertir de quelque changement
    En l'ame de Syluie?
Presage malheureux, s'il faut finir ma vie,
    Ie consens de perdre le jour,
Mais ne m'anonces point la fin de mon amour.

Mlle. MARESCHAL.

AIR
DE M. BOESSET.

Dieux, que d'aimables attraits,
Que de douceurs, que d'amours, & de traits
　　La belle Amaranthe est pourueuë !
　　Ah ! que mes sens en sont charmez,
Et que bien justement depuis que ie l'ay veuë,
A tous autres objets mes yeux se sont fermez.

　　C'est l'ornement de la Cour,
Ses yeux brillans y font regner l'Amour,
　　Par tout sa puissance est connuë ;
　　Ah ! que, &c.

MIS EN CHANT.

SARABANDE
DE M. DE Ste COLOMBE.

Deuinez si j'aime,
Ie sens en moy-mesme
Toutes les langueurs
Qui blessent les cœurs ;
Pardonnez, mes larmes,
Laissez-moy souffrir,
J'excuseray vos charmes
Qui me font mourir.

GAVOTTE.

B. D. B.

DE tes roses & tes lis,
Lors qu'on voit ce beau meslange,
Qu'à bon droit, chere Philis,
Sous tes loix vn cœur se range;
Qu'il est bien-tost enflammé,
N'eust-il iamais rien aimé.

Que ton port est gracieux,
Que ton humeur est accorte,
Contre vn seul trait de tes yeux
Il n'est point d'ame assez forte,
Lors qu'on te void vne fois,
Qui ne viuroit sous tes loix?

B. D. B.

MIS EN CHANT.

COVRANTE
DE M. DE LAVNAY.

Des yeux de l'aymable Climene
    Les traits sont si doux,
Que malgré sa rigueur & ma peine
    I'en aime les coups ;
En vain ie conte mon martyre,
    Et ce qu'il m'inspire
    Contre sa rigueur,
Par leur douce langueur,
Ces yeux semblant me dire,
    Garde-moy ton cœur.

Ie sçay que l'ingratte se vante
    De ne rien aimer,
Mais l'Amour deceuant son attente
    La peut enflammer ;
Entre la crainte & l'esperance,
    Mon ame balance
    Sans pouuoir choisir,
Mais l'espoir du plaisir
Qui flatte ma constance,
    Nourrit mon desir.

M. DE VERDERONNE.

D

SARABANDE,

DEpuis qu'Iris & ses beaux yeux
  Ont quitté ces lieux,
Tout se meurt icy de douleur
  Et de tristesse,
Tout, hors l'Amour, dedans mon cœur
  Est en langueur.

   M. DE LA TVILLIERE.

GAVOTTE.

B. D. B.

D'Où vient, ma Bergere,
Que tu veux changer?
Peux-tu bien te plaire,
Auec vn autre Berger,
Et voir sous ta loy
Vn estranger & moy?

Tu sçais bien ma peine
Sans la raconter,
I'ay porté ta chaisne,
Iris, est-ce me l'oster,
Ou la soulager,
Que de la partager?

Quand la belle Aminthe
Me parloit d'amour,
Tu me fis ta plainte,
Ie te la fais à mon tour;
Feras-tu pour moy
Ce que ie fis pour toy?

AIR
DE M. DE LA BARRE.

DEquoy me sert de voir ces belles plaines,
Tous ces jardins, ces arbres, & ces fleurs,
De voir ces prez peints de tant de couleurs,
Et le cristal de ces claires fontaines;
N'y voyant pas celle pour qui je meurs,
Cela ne fait que redoubler mes peines.

MIS EN CHANT.

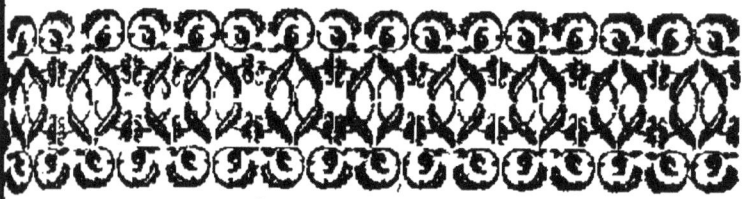

AIR
DE M. DE LA BARRE.

Depuis quinze jusqu'à trente
La nature bien-faisante
N'inspire que le plaisir :
Gouſtez-le, beauté naiſſante,
Vous en auez le loiſir
Depuis quinze juſqu'à trente.

E

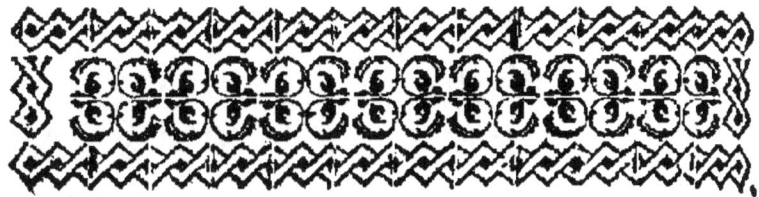

GAVOTTE.

B. D. B.

EN secret mon cœur soûpire
Et se plaint incessamment;
Mais tout ce que ie puis dire
Dans l'excez de mon tourment,
C'est, Iris, que vostre absence,
Me fait languir nuit & iour;
Ah! que n'ay-je moins d'amour,
Et plus d'indifference!

AIR
DE M. CHEVALIER.

ENfin j'ay soûpiré, ie n'ay pû m'en defendre,
Bien que vos fiers regards me l'euſſent defendu,
Iamais soûpir ne fut plus tendre,
Mon cœur qui l'a pouſſé voudroit bien le reprendre,
Car il craint qu'il ne ſoit perdu.

SARABANDE.

B. D. B.

EN me disant Philis vous aime,
Croyez-vous me faire plaisir ?
Helas ! c'est contre mon desir,
C'est me faire vne peine extréme:
Caliste, pluftost dites-moy,
Cher Tircis, ie n'aime que toy.

Ie veux qu'elle soit adorable,
Mais, enfin, ie ne puis l'aimer,
Vous seule auez sçeu me charmer;
Ah ! si vous estes raisonnable,
Caliste, &c.

M. BAVDOVIN.

VILANELLE.

EH! qu'est-ce qui vous presse
De venir dans mon cœur?
Retirez-vous, tristesse,
Retirez-vous, langueur;
   Langueur,
Eh! qu'est-ce qui vous presse
De venir en mon cœur?

   L'aimable Celimene
Dans deux iours part d'icy,
C'est ce qui vous amene,
Ennuy, langueur, soucy;
   Soucy,
L'aimable Celimene
Dans deux iours part d'icy.

M. DE LA TVILLIERE.

AIR.

ENfin vous soûpirez, ie l'auois bien prédit,
　　Vostre cœur ne s'en peut deffendre;
Mais quand vous soûpirez, qu'est-ce que ce cœur dit,
Est-ce vn si grand secret qu'on ne le puisse apprendre?

M. BAVDOVIN.

AIR DE BALLET
DE M. BATISTE.

EN vain à l'Amour
Vous estes rebelle,
Ce Dieu quelque iour
Vous fera bien voir
Iusqu'où va son pouuoir;
  Vos attraits
  N'ont pas esté faits
Pour vous rendre l'humeur cruelle,
  Et sçachez, la belle,
  Si malgré la rigueur
  On peut gagner vn cœur,
Qu'on ne le rend iamais fidelle
  Que par la douceur.
M. M***

Dans ce beau sejour
Mon ame est rauie;
Quand i'ay fait ma Cour
Ie donne à l'Amour
Tout le reste du iour:
  Mes plaisirs
  Suiuent mes desirs,
Rien ne s'oppose à mon enuie,
  L'aimable Siluie

Qui me tient sous sa loy
Se donne toute à moy,
Et nous passons tous deux la vie,
Devinez à quoy.

   On voit chaque soir
La belle jeunesse
Faire son devoir,
Et le Dieu d'amour
Briller dans nostre Cour;
Mais leurs vœux,
Leurs soins & leurs feux
N'engagent guere leur Maistresse:
Qu'ils jurent sans cesse
Qu'il n'est rien si charmant,
Qu'ils meurent de tourment,
Ce n'est pas là ce qui la presse,
C'est le sacrement.

   Beau couple de sœurs,
Philis & Climene,
Pour qui tant de cœurs
Sous vos loix rangez
Se trouvent partagez,
   Vos attraits
Sont faits tout exprez
Pour nous mettre tous à la chaisne;
Mais on est en peine,
Laquelle de vous deux
Allume plus de feux,
Et rend par son ame inhumaine
Plus de malheureux.

MIS EN CHANT.

AIR
DE M. LAMBERT.

EN vain, belle Philis, ie me laisse enflammer;
En vain pour vos beaux yeux, je languis, je soûpire,
I'ay bien assez de cœur pour oser vous aimer,
Mais las! i'en ay trop peu pour oser vous le dire.

M. DE L****.

BOVRRÉE
DE MONSIEVR BAPTISTE.

ET quoy? belle inhumaine,
Pouuez-vous bien me voir,
Soûpirer pour vos beaux yeux
Sans aucun espoir?
Il vaudroit mieux
Mettre fin à ma peine,
Que d'auoir tant de rigueur
Pour vn fidelle Amant,
Vn moment
De douceur
De vostre cœur,
Pourroit de mon tourment
Faire mon bon-heur.

B. D. B.

AIR
DE M. LAMBERT.

Ennfin ie l'ay perdu,
Ce cœur que j'auois deffendu
Contre tant d'autres charmes;
Il n'a pû resister au pouuoir de vos yeux;
Si-tost qu'il vous a veuë en ces aimables lieux,
Il a rendu les armes.

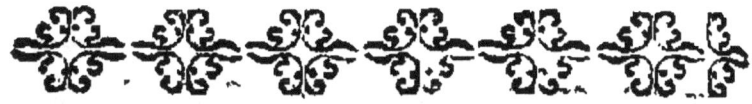

AIR
DE M. LE CAMVS.

Eloigné de vos yeux pour qui mon cœur soûpire,
    Ie souffre vn rigoureux martyre,
   Et mes maux croissent chaque iour :
Allez, soûpirs, allez dire à Siluie,
    Que le seul espoir du retour
      A conserué ma vie,
Malgré l'absence, & malgré tant d'amour.

MIS EN CHANT.

AIR.

ESclattez, mes soûpirs,
Mon cœur sans se contraindre
Vous permet de sortir ;
Découurez mes desirs,
Ie n'ay plus rien à craindre,
Puisque ie vais mourir.

Ie cede à mes langueurs,
Et par ma bouche mesme
Ie decide mon sort ;
C'en est fait, ie me meurs,
Ie nê dis point qui j'aime,
Mais, helas ! ie suis mort.

CHANSON.

En quittant le sejour
Où ie vous rends mes soins, bel Astre de la Cour,
I'ay bien pensé mourir autrement que d'Amour.

Bel objet de mes feux,
Le Ciel me reseruoit vn destin plus heureux,
Et ie ne dois mourir que des traits de vos yeux.

Quoy qu'ils paroissent doux,
Ie sens bien dans mon cœur le pouuoir de vos coups,
Ils sont plus dangereux que ne sont les filoux.

M. LE MARQVIS DE MONT-PIPEAV.

MIS EN CHANT.

AIR.

EN amour voicy ma methode,
Ie m'approche auecque respect;
D'abord, de peur d'estre suspect,
La moindre faueur m'accommode:
Mais quand i'ay fait le premier pas,
Le reste ne me couste pas.

AIR
DE BALLET.

ESt-il objet qui vaille
Mon incomparable Iris,
En quelque lieu qu'elle aille
La Belle emporte le prix,
Ce n'est point vn feu de paille
Quand vn cœur en est épris.

    Bien qu'elle soit cruelle,
Vn chacun luy fait la Cour,
Car outre qu'elle est belle,
Et plus belle que le jour,
C'est qu'on void toûjours prés d'elle
Les jeux, les ris, & l'Amour.

Chacun a beau me dire
Qu'Amour est toûjours charmant,
Pour suiure son Empire
Et pour deuenir Amant,
Ma foy i'aime trop rire,
Et ie hay trop le tourment.

Par des soûpirs & larmes
On fait à ce Dieu la Cour,
Et luy de mille alarmes
Vous attaque nuit & iour,
Puisqu'il n'a point d'autres charmes
Ha ! ie renonce à l'Amour.

M. M**.

COVRANTE
DE M. DE LA BARRE.

ENfin tous mes plaisirs
Surpaſſent mes deſirs,
Par ma victoire
On peut juger quelle eſt ma gloire;
Pour moy l'Amour eſt ſans rigueur,
L'objet ſeul qui me braue
Finit ma langueur,
Et ſi j'en fus l'eſclaue
I'en ſuis le vainqueur.

Philis qui ſçait ma foy,
Reſpire ſans ma loy,
Et ſent la flamme
Dont ſes beaux yeux brûlent mon ame;
Ie ſuis l'objet de tous ſes feux,
I'ay gagné cette belle
A force de vœux
Si l'on m'a veu fidelle,
L'on me void heureux.

VILANELLE.

Echos de la plaine,
Discrets confidens,
Parlez à Climene
Des maux que ie sens;
Mais comment à l'inhumaine
Faire connoistre mon feu?
Helas! pour dire ma peine
Vous parlez trop peu.

AIR
DE M. BOESSET.

Evitez, ô mon cœur, l'inhumaine,
Gardez-vous des rigueurs de sa haine
Qu'elle fait éprouuer aux malheureux Amans;
Ne suiuez pas vos sentimens,
Esloignez-vous des appas de Climene,
Si vous voulez éuiter les tourmens.

MIS EN CHANT. 165

F

AIR
DE M. DE LA BARRE.

FOrests solitaires & sombres,
 Sejour du silence & des ombres,
Lieux affreux, steriles deserts,
Apprenez le sujet de ma douleur mortelle;
Helas! ie suis trahy de celle que ie sers,
 Mon Iris est vne infidelle.

F.

GAVOTTE.

B. D. B.

Faut-il estre si cruelle
A qui meurt pour vos appas ?
Iris, vous n'y pensez pas,
En vain vous seriez si belle,
Si vous auiez dans le cœur
Vne eternelle rigueur.

L'humeur d'vne pretieuse
Ne sied pas aux jeunes ans,
Employez mieux vostre temps ;
Vous seriez bien malheureuse,
Si vous auiez dans le cœur
Vne eternelle rigueur.

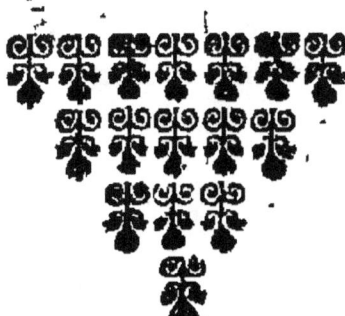

COVPLETS,
SVR L'AIR
De la Duchesse.

FVyez voſtre captiuité
Et la rigueur de ce dur eſclauage
    Où l'hymen engage
    Voſtre liberté ;
Prendre vn mary, c'eſt ſe donner vn maiſtre,
Et pour regner le Ciel vous a fait naiſtre.
    Vn amoureux martyre
    Eſt cent fois plus doux
    Que le cruel empire
    D'vn mary jaloux ;
    On eſt à la cadene
    Sans pouuoir rompre ſa chaiſne,
    Mais on fait aiſément
    Quelque nouuel Amant.

Puisque le choix vous est permis,
Souffrez plûtost qu'vn galand vous reuere,
  L'Espoux est seuere,
  L'Amant est soûmis.
Et le plaisir que l'hymen vous propose,
Est vn poison sous des feüilles de rose;
  Que si quelqu'vn soûpire
  Pour vos doux appas,
  Ie vous permets d'écrire,
  Mais ne signez pas;
  Car si-tost qu'vn Notaire,
  Le Pasteur, ou son Vicaire,
  Ont vny deux Amans;
  Adieu les complimens.

M. DE VERDERONNE

SARABANDE

SARABANDE
DE M. DE CHAMBONNIERE.

Fiere & charmante beauté,
Tournez-vous de mon cofté,
Et me faites les doux yeux,
Rien au monde ne vous fied mieux.

Mon Riual vous offre vn cœur
Plein d'amour & de langueur;
Mais, Philis, pour vos beaux yeux
Le Berger eft vn peu trop vieux.

M. DE CHARLEVAL.

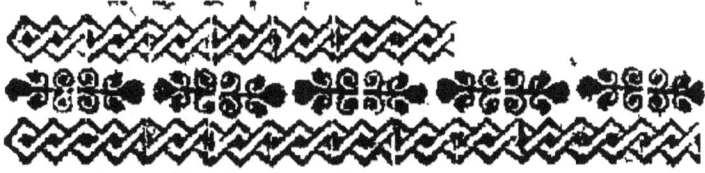

AIR
DE M. LAMBERT.

FOible raison qui m'auois deffendu
De perdre vn cœur que tu m'auois rendu,
Pardonne au feu qui me deuore:
Ie voy tant de beautez dans celle que j'adore,
Que s'il n'estoit perdu, ie le perdrois encore.

MIS EN CHANT.

GAVOTTE
DE M. DE MOLLIER.

Finissez, aimable Siluie,
Les rigueurs dont vous nous traitez,
Le seul bruit que font vos beautez,
Suffit pour nous oster la vie :
Qui ne vous voit, meurt de desir,
Et qui vous voit, meurt de plaisir.

L'éclat dont vous estes pourueuë
Surprend, & fait mourir d'amour;
Le Soleil qui forme le iour
Est moins brillant que vostre veuë;
Qui ne vous voit, &c.

Peut-on resister à ces charmes
Par qui vous attirez les Dieux ?
Contre vn seul trait de vos beaux yeux
On n'a que d'inutiles armes;
Qui ne vous voit, &c.

M. DE MOLLIER.

AIR

DE B. D. B.

Faut-il que malgré ma raison,
    Amour me retienne en prison,
Et que ma liberté soit captiue en ses chaisnes:
    Helas! en vain tu te plains, ô mon cœur
L'on a beau resister, il est toûjours vainqueur,
On souffre tost ou tard ses rigueurs & ses peines.

    Mais las! sous l'empire amoureux
    Vn cœur est-il si malheureux,
Et peut il justement se plaindre de sa flamme?
Non, tous ses maux sont meslez de plaisirs,
Il satisfait assez ses fidelles desirs
Par le doux souuenir de l'objet qui l'enflamme.

MADEMOISELLE D. G.

AIR
DE M. D'ALLISSAN.

Fvyez cette ingrate Bergere,
Elle est belle, il est vray, mais elle trop legere,
Et son volage cœur ne se plaist qu'à changer
De Berger en Berger.

AIR
DE M. LAMBERT.

FAut-il pour soulager ma peine
Abandonner l'amour de l'aimable Climene?
Helas! helas! quel moyen de guerir?
Raison, quand tu me dis de quitter cette Belle,
Tu me dis bien qu'il faut mourir,
Puis que ie ne puis viure vn seul moment sans elle.

AIR
DE M. LAMBERT.

Fiers & charmans regards qui portez dans mon
 cœur,
L'amour, le respect & la crainte :
Si vous me deffendez la plainte,
Au moins voyez dans ma langueur
Le mal dont mon ame est atteinte.

G

RECIT DE BALLET
DE M. BATISTE.

GVerriers, il ne faut pas faire vn mauuais vsage
Des plus beaux jours de voſtre âge,
Vous èn rendrez quelque jour
Compte à l'Amour.

Paſſez dans les plaiſirs la fleur de vos années,
Et vos plus belles journées;
Vous en rendrez quelque jour
Compte à l'Amour.

M. DE BENSSERADE.

G

AIR.

Grace à vos traits impitoyables
Qui blessent par tout sans guerir,
Ie n'ay point d'autre espoir que celuy de mourir,
Accablé de maux incroyables ;
Mais puisque vous pouuez m'exempter du trépas,
Inhumaine, pourquoy ne le faites-vous pas?

G

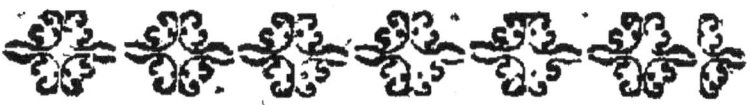

AIR
DE M. LE CAMVS.

Gouſtez les plaiſirs les plus doux,
Heureux Amans, ie n'en ſuis point jaloux,
Ie ne voy rien digne d'enuie
Depuis qu'Amour ſeconde mes deſirs :
Helas ! j'ay veu Siluie
Auec mes pleurs confondre ſes soûpirs,
Si ma Bergere
Eſt moins ſeuere,
Gouſtez les plaiſirs les plus doux,
Heureux Amans, ie n'en ſuis point jaloux.

M. DE LA TVILLIERE.

AIR.

HElas ! à quel tourment destinez-vous mon ame,
    Cruel Amour, cruel Tyran des cœurs,
    I'ay souffert toutes vos rigueurs,
Et ie sens tous les traits d'vne brûlante flame:
    Cruel Amour, cruel tyran des cœurs,
Helas ! à quel tourment destinez-vous mon ame ?

M. LE MARQVIS DV CHATELET.

GAVOTTE.

B. D. B.

HElas ! c'eſt bien en vain
Que pour finir ma peine
Cent fois j'ay fait deſſein
De quitter Celiméne.
Ie mourray dans la chaiſne,
Et j'en fais vn ſerment:
Il faut malgré ſa haine
Que ie ſois ſon Amant.

De pouuoir l'adoucir,
Mon eſperance eſt vaine:
Rien ne ſçauroit flechir
Cette aimable inhumaine:
Ie mourray, &c.

B. D. B.

MIS EN CHANT.

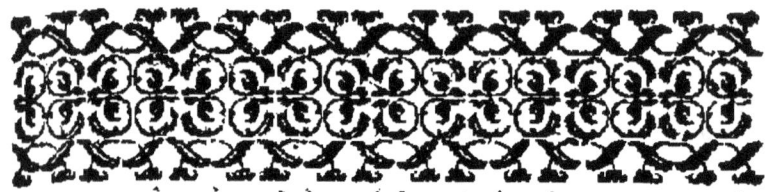

AIR
DE M. BOESSET.

HElas ! Aminte va partir,
Et rauir à mes yeux sa diuine lumiere ;
A ce triste depart ie ne puis consentir,
Si ie ne fais partir mon ame la premiere ;
Ainsi de mon amour j'auray la gloire entiere,
En mourant de douleur, & non de repentir.

AIR
DE M. LE CAMVS.

Helas! fut-il iamais vn plus cruel tourment?
    Mon amour offence Siluie,
Et ie ne sçaurois plus le cacher vn moment,
    C'est de l'absence seulement
Que ie puis esperer le repos de ma vie:
Helas! fut-il iamais vn plus cruel tourment?

M. DE LA TVILLIERE

MIS EN CHANT.

AIR
DE M. BOESSET.

HElas ! que faut-il que ie fasse ?
Caliste ne veut plus me voir,
Ie suis tombé dans sa disgrace,
Mes soûpirs ny mes pleurs ne sçauroient l'émouuoir.
Mon cœur, n'y pensons plus puis qu'elle est inhumaine,
Changeons, changeons d'amour, profitons de sa haine.

AIR
DE M. DE MOLLIER.

Helas ! ie sçay bien qu'à vous voir,
Ie ne fais qu'augmenter mon cruel desespoir,
Et nourrir dans mon cœur vne inutile flamme.
Cependāt, malgré moy ie vous cherche en tous lieux,
I'oublie en vous voyant le tourment de mon ame,
Et ie ne songe plus qu'au plaisir de mes yeux.

Ie sçay bien que j'en dois mourir,
Et qu'il falloit, enfin, si ie voulois guerir,
Euiter de vos yeux le charme redoutable :
Cependāt, malgré moy ie vous cherche en tous lieux,
I'oublie en vous voyant que ie suis miserable,
Et ie ne songe plus qu'au plaisir de mes yeux.

M. D. F****

MIS EN CHANT.

SARABANDE
DE MADEMOISELLE DES VAVX.

HA! que l'amour est vn plaisir extréme,
Quand d'vn beau feu l'on se sent consumé,
Et qu'vn Amant peut dire ie vous aime,
Au bel objet dont son cœur est charmé;
Mais quand on aime & qu'on ne l'ose dire,
Ah! que l'Amour est vn cruel martyre!

L'Amant se fait vn plaisir de sa peine,
Les plus grands maux mesme luy semblent doux,
Lors qu'il peut dire à celle qui l'enchaisne,
En soûpirant, Belle, ie meurs pour vous:
Mais le respect l'empeschant de le dire,
Ah! qu'en aimant il souffre de martyre!

A tes beaux yeux, Philis, ie rends les armes,
Doux ou cruels, ils font toufiours mourir,
Si leur douceur nous cause mille alarmes,
Leur cruauté n'en fait pas moins perir:
S'ils me sont doux ie meurs rauy de charmes,
S'ils sont cruels, ie meurs noyé de larmes.

AIR.
M. DE SABLIERE.

Hola, Nanette,
C'est trop sommeiller,
L'amour vous guette
Dessous l'oreiller:
 Fillette
 Ieunette
 Qui dort
 Si fort,
Souuent se réueille
L'amour au cœur, & la puce à l'oreille.

Alors qu'en songe
L'on voit son amant,
Ce doux mensonge
Cause vn grand tourment:
 Fillette, &c.   M. PERRIN.

Hola, Siluie,
Deuinez vn peu
Quelle est l'enuie
Que i'ay depuis peu:
 La flame
 Dans l'ame,
 L'ardeur
 Au cœur
Vous doiuent instruire
De mes desirs sans qu'il le faille dire.

MIS EN CHANT.

 Hé quoy, cruelle,
Voulez-vous toûjours
Payer mon zele
De mille détours?
  Trop vaine
  Climene,
  L'espoir
  De voir
La fin de ma peine,
fait que mon cœur se plaist dans vostre chaisne.

 I'ay beau, cruelle,
Vous offrir des vœux,
Ie suis fidelle,
Ie suis malheureux;
  Mais vaine
  Climene, &c.

 Hola, Climene,
C'est trop écouté,
L'amour enchaisne
Vostre liberté :
  Fillette
  Ieunette,
  Ecoutant
  Souuent,
Ce n'est pas merueille
D'auoir son cœur quand on a son oreille.

RECIT DE BALLET
DE VILL. COTT.

IL ne faut point hesiter
Sur ce qu'vn tel maistre ordonne,
Dans le monde il n'est personne
Qui puisse luy resister:
Songeons à le satisfaire,
Obeïssons promptement,
Dés qu'il s'agit de luy plaire
Tout est prest en vn moment.

Depuis qu'il est en ces lieux
La saison en est plus belle,
Et d'vne clarté nouuelle
Nous voyons briller les Cieux;
Nous n'auons point de Bergere
Qui ne luy cede aisément,
Dés qu'il, &c.

M. LE MARQVIS DE DANGEAV.

RECIT DE BALLET DE VILL. COTT.

IL est vray, Paris a des charmes :
Mais ce desert a des Beautez.
La Paix regne en ces lieux, & nos felicitez
 Ne couftent point de larmes.
 Il est vray, Paris a des charmes :
 Mais ce desert a des Beautez.
Les cœurs de nos Bergers n'y sont point agitez
 De soupçon ny d'alarmes.
 Il est vray, Paris a des charmes :
 Mais ce desert a des Beautez.

M. LE MARQVIS DE DANGEAV.

L.

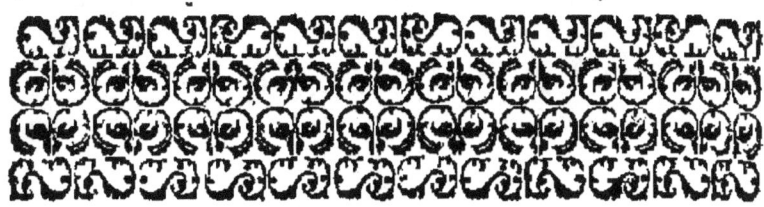

AIR.

B. D. B.

IL faut parler pour finir son martyre,
    On perd son temps à soûpirer,
    Il faut d'abord se declarer,
Mais sur tout quand l'Amour nous fournit de quoy dire,
Il faut parler pour finir son martyre.

M. D. T****

GAVOTTE
DE M. DE MOLLIER.

I'Estois aimé de Cloris,
Et pour vous aimer, Iris,
Ie luy fus infidelle;
Ie suis las d'estre constant,
Lassez-vous d'estre cruelle,
Ou j'en fais encore autant.

Ie suis commode en aimant,
I'aime assez facilement,
Et ie change sans peine.
Vous m'y voyez disposé :
Si vous estes inhumaine,
Il ne m'est rien plus aisé.

Sous les amoureuses loix,
S'il faut languir plus d'vn mois,
Sans espoir de salaire,
Ie me ris des feux constans,
Et lors que ie ne puis plaire
Ie ne puis aimer long-temps.
M. BOVRSAVLT.

AIR ITALIEN.

Essento-lardore.

JE n'ay plus dans l'ame
Ces feux amoureux,
O barbare flamme,
Ie veux viure heureux,
Ie ris du supplice
      D'vn Amant,
Ie n'ay ny caprice
      Ny tourment
Pour Philis qui fait gloire de sa cruauté,
J'ay rompu mes chaisnes, mon cœur, liberté.

J'ay brisé la flèche
De ce Dieu vainqueur,
Et fermé la breche
Qu'il fit dans mon cœur.
Viuons sans nous plaindre
      De ses traits,
Il ne faut plus craindre
      Les attraits
De Philis qui fait gloire, &c.

I.

AIR
DE M. LE MARQVIS de Maulevrier.

I'Ay tenu vainement ma passion secrette,
Olympe, ie me meurs, & vous le connoissez;
Helas ! si le respect rend ma bouche muette,
    I'ay des yeux qui parlent assez.

Lors que ie vous regarde, & lors que ie soûpire,
Mes soûpirs & mes yeux declarent mes desirs,
Ma bouche m'obeït, mais ie n'ay point d'empire
    Sur mes yeux, ny sur mes soûpirs.

I

RECIT DE BALLET
DE M. BOESSET.

IEunes cœurs, croyez-moy, laissez-vous enflammer,
  Tost ou tard il faut aimer,
  Et c'est en vain qu'on façonne;
Tout cede à mon pouuoir, tout fléchit sous mes loix,
  Ie n'en exempte persoune,
  Pas mesme les Roys.

MIS EN CHANT.

I

AIR
DE M. D. L. N.

Iris, n'aurez-vous point d'amour,
Dans vos beaux yeux chacun le voit paroistre;
Mais permettez qu'il change de sejour,
Et que de vostre cœur il se rende le maistre,
      Aussi-bien c'est-là qu'il doit estre.

I.

AIR.

B. D. B.

Jeune Iris, vos naiſſans appas
M'ont engagé ſous voſtre empire,
Helas! vous ne le ſçauez pas,
Auſſi n'ay-ie oſé vous le dire:
Vos beaux yeux innocens du mal qu'ils font ſouffrir,
L'ayant fait ſans deſſein, n'ont pû le découurir.

Mes pleurs, mes ſoûpirs, ma langueur,
Vous ont parlé de mon martyre,
Mais helas! voſtre ieune cœur
Ne ſçauoit ce qu'ils vouloient dire;
Et ſi preſt de partir de cét aymable lieu
Ils ont reduit ma voix à découurir mon feu.

ENTRE'E DE BALLET.

Ie ſçay bien
Qu'à vous aimer, Climene,
On a bien de la peine,
Mais cela n'eſt rien
Puiſque j'ay l'eſperance
 Qu'Amour,
 Vn iour,
Finiſſant ma ſouffrance,
Pour me vanger
De voſtre indifference,
Vous fera changer.

M. M**.

AIR
DE M. DE MOLLIER.

I'Apprens, Philis, qu'aux vœux de mon riual,
    Voſtre cœur ſe rend fauorable:
    Et de grace, objet adorable,
    Songez qu'en ſoulageant ſon mal
    Vous rendez le mien incurable.

I

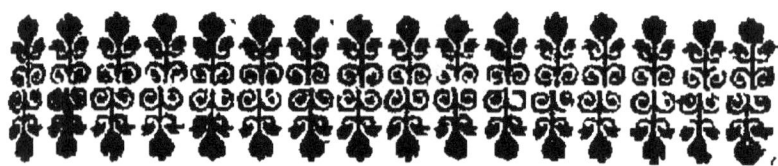

AIR.
B. D. B.

JE souffre nuit & iour, & ne vous en dis rien,
Vous apprendrez ma mort sans sçauoir mon martyre;
Et vous confesserez qu'vn mal comme le mien,
Estoit assez grand pour le dire.

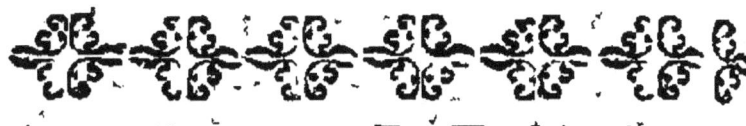

AIR
DE M. DE LA BARRE.

IE cherche les forests, ie n'aime plus la Cour,
Ie fuis également, & le monde, & le iour,
I'ay l'esprit abbatu, ma douleur est extrême;
  D'où viennent mes ennuis?
  Aminte, quand on aime,
  Est-on comme ie suis?

Ie n'ay pas en vn iour vn moment qui soit doux,
Et ie n'ay de repos que quand ie pense à vous,
Quand j'aimois Amarante, helas! j'estois de mesme,
  D'où viennent mes ennuis?
  Aminte, quand on aime,
  Est-on comme ie suis?

AIR
DE M. D'AMBRVIS.

J'Aime vne jeune Bergere,
Mais la cruelle n'aime rien,
Son cœur feroit bien mon affaire,
Que n'en dit-elle autant du mien?

Bien que Philis soit cruelle,
Mon cœur se plaist dessous sa loy :
Helas! ie ne puis aimer qu'elle,
Que n'en dit-elle autant de moy?

SARABANDE.

B. D. B.

Iusque icy mes soins & ma peine
Prés de vous n'ont pas reüssi:
Mais si ie perds le temps, Climene,
Ne le perdez-vous pas aussi?

Objets à qui rien ne resiste,
Vous me permettez quelque espoir.
Mais mon cœur est fait pour Caliste,
En vain vous pretendez l'auoir.

Tes yeux, d'vne douceur extréme,
Malgré moy me viennent charmer;
Veux tu m'aimer puis que ie t'aime,
Ou ne me faire plus aimer.

Ne vous mocquez pas, Artemice?
Des douces flammes de l'Amour,
Si vous ne luy faites iustice,
Il se la peut bien faire vn iour.

M. L. P. D. M.

SARABANDE.

B. D. B.

Iris est fidelle,
Et veut m'enflammer,
Mais quoy que la Belle
Puisse tout charmer,
Ie crains trop d'aimer.

Quand l'objet qu'on aime
Seroit sans égal,
Vn amour extréme,
Mesme sans Riual,
Est tousiours vn mal.

Ie sçay le martyre
Qu'on souffre en aimant:
Mais on a beau dire,
Ce cruel tourment
Est tousiours charmant.

SARABANDE

DE M. PINEL.

IE sçay quelle est la tyrannie,
Dont vostre cœur est endurcy,
Vostre rigueur est infinie,
Mais ma constance l'est aussi.

Soyez pour moy toute de glace,
I'auray pour vous assez d'amour,
Et veux souffrir vostre disgrace,
Quand ie deurois perdre le iour.

I

AIR.

B. D. B.

Il est vray, ie suis rigoureuse,
Mais ma rigueur me fera viure en paix;
Il n'est rien tel pour estre heureuse,
Que d'estre aimable, & de n'aimer iamais.

AIR
DE M. LE CAMVS.

IE sçay que mon amour prend d'inutiles soins,
Que rien ne peut fléchir vostre rigueur extrême,
    Helas! ie n'attendois pas moins:
Mais si vous pretendez empescher qu'on vous aime,
Vostre rigueur, Iris, prend d'inutiles soins.

GAVOTTE.

IE cherche dans ma Bergere
En vain dequoy me guerir;
Elle est ingrate & legere,
C'est assez pour en mourir,
C'est peu pour me secourir.

En la voyant inconstante
Ie voudrois bien la changer,
Mais la voyant si charmante,
De peur de trop me vanger,
Ie n'oserois y songer.

Mon cœur est à vous de sorte,
Qu'il vous suit malgré vos coups;
Il veut vous seruir d'escorte,
Et trouue qu'il est plus doux
D'estre sans moy que sans vous.

Ie cherche dans moy, Climene,
Dequoy ne vous aimer plus:
Mais malgré toute ma peine
Mes efforts sont superflus,
Vos beaux yeux ont le dessus.

Malgré moy mon cœur vous aime,
Non, ie n'en fais point le fin;
Mais si malgré vous de mesme
Le voftre m'aimoit, enfin,
Ie benirois mon deftin.

A voir vos beaux yeux, Bergere,
On attendroit tout de vous;
Ils me difent que j'efpere,
Mais, helas ! ces yeux fi doux
En difent autant à tous.

M. M.**.

AIR
DE M. PERDIGAL.

INsensible Bergere
Que l'on ne peut toucher :
Helas ! que veux-tu faire
De ton cœur de rocher,
A l'amoureuse peine
Tu dois consentir :
Ressens vn peu, Climene,
Ce que tu fais sentir.

I

AIR
DE M. LAMBERT.

I'Auois déja passé prés d'vn iour sans la voir,
Et ma raison flattoit mon cœur du vain espoir
Que ie viurois ainsi le reste de ma vie :
Mais sur la fin du iour i'ay rencontré Siluie,
Et malgré mon dépit & malgré sa rigueur
Ses beaux yeux ont seduit ma raison & mon cœur.

Mon cœur trop méprisé s'en plaignoit en tous
    lieux,
Et ma raison, d'vn autre objet esperant mieux,
Me reprochoit le temps que ie l'auois seruie,
    Mais sur la fin, &c.

M. DE LA TVILLIERE.

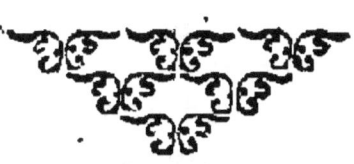

GAVOTTE.

B. D. B.

Iris quitte sa rigueur,
Sous Amour elle se range;
Nous auons changé de cœur,
Et ie ne perds point au change.

Cette farouche Beauté,
Bien aise d'estre asseruie,
Se repent d'auoir esté
Cruelle toute sa vie.

Elle accuse son humeur,
L'appellant cent fois volage;
Et suiuant l'ordre du cœur
Sa bouche tient le langage.

Bois, Rochers, Echo charmant,
Agreable solitude:
Ha! que l'on souffre en aimant
Vne douce inquietude.

MENVET
DE M. BATISTE.

Iris estoit tendre & belle,
 Ie n'aimois qu'elle ;
Iris estoit tendre & belle,
 I'estois content :
Mais ie dis voyant la cruelle
Sensible aux vœux d'vn autre Amant,
Quand la Bergere est infidelle,
C'est au Berger à n'estre plus constant.

Loin de brûler & se taire
 A l'ordinaire,
Loin de brûler & se taire,
 Amans discrets,
Pour traiter l'amoureux mystere
Ie vous diray comme ie fais,
Ma foy, si vous m'en voulez croire,
Parlez toûjours, & ne brûlez iamais.

MIS EN CHANT.

Tircis prés de sa Bergere,
Sur la fougere,
Tircis prés de sa Bergere
A deux genoux,
Luy dit dans sa tendresse extréme,
Le cœur percé de mille coups:
Pourquoy faut-il que ie vous aime,
Si ie ne puis me faire aimer de vous?

Viens, mon aimable Bergere,
Sur la fougere,
Viens, mon aimable Bergere,
Faire l'amour:
C'est ce que font dans ce bocage
Les petits oiseaux d'alentour,
Ils font l'amour en leur langage,
Et sur les fleurs se baisent tour à tour.

C'est ce que dit la Linotte
Dessus sa notte,
C'est ce que dit la Linotte
Et le Pinçon;
C'est dont parle cette Fauuette
Sous les fueilles de ce buisson,
C'est ce que chante ma musette,
Et ce que dit ma petite chanson.

M. PERRIN.

Philis, quelle impatience
En voſtre abſence,
Philis, quelle impatience
Souffre mon cœur;
Rien ne peut charmer ſa ſouffrance
Pendant cette extrême longueur,
Ny le grand bruit, ny le ſilence
N'ont le pouuoir de finir ſa langueur.

Pour moy cette cour pompeuſe
Eſt ennuyeuſe,
Pour moy cette cour pompeuſe
Eſt ſans appas,
La lumiere m'eſt odieuſe
Où vos beaux yeux ne brillent pas;
De cette abſence rigoureuſe
Cent fois le iour ie ſouffre le trépas.

GAVOTTE.

JE sens naistre en mon cœur
Vne douce langueur,
Ah! belle inhumaine,
Tu viens m'enflammer;
Détourne tes yeux, Climene,
Ils forcent d'aimer.

D'inutiles desirs
Donnent peu de plaisirs,
Vne amour si vaine
Ne sçauroit charmer;
Détourne, &c.

Quoy? depuis vn moment
Que ie suis ton Amant,
L'excez de ma peine
Ne peut s'exprimer;
Détourne tes yeux, Climene,
Ils forcent d'aimer.

Pour détourner tes yeux
Mon cœur n'en est pas mieux,
Ah! que cette peine
Est dure à souffrir;
Encore vn regard, Climene,
Deussay-je en mourir.

M. DE CHARLEVAL.

AIR.

B. D. B.

INgratte, que i'ay tant aimée,
Puisque d'vn autre objet tu te sens enflammée,
Va jusqu'où peut aller ton injuste rigueur:
   Ne songe plus à mon amour passée;
     Qui n'est pas digne de ton cœur,
   N'est pas digne de ta pensée.

COVRANT

COVRANTE.

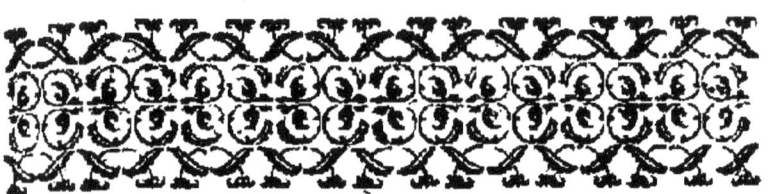

IL n'est rien de si beau que vous,
Aussi chacun se frote à vos yeux doux,
  Et les moins amoureux,
  D'en receuoir des coups,
  Se tiennent heureux ;
  Mais las ! charmante Iris,
Si vous croyez les traiter de mépris,
  Vous pourriez bien,
  Apres auoir tout pris,
  A la fin n'auoir rien.

Tout ce qui vit & void le iour,
Peut voir en vous le temple de l'Amour,
  Où les homm' & les Dieux
  Vont chacun à leur tour
  Adorer vos yeux ;
  Mais las ! &c.

M. M***.

AIR
DE M. DE MOLLIER.

IL est vray que vostre rigueur
Deuroit auoir guery mon cœur
Du mal qui me rend miserable :
Ie le croy, belle Iris, comme vous le pensez,
Mais vous estes aimable,
Pour aimer n'est-ce pas assez ?

I

COURANTE.

JE vous offre des vœux,
Ie vous adore en mille lieux,
Si ie vous aime, ie suis malheureux,
Ie suis discret, j'ay de l'amour, & vous estes cruelle,
Cruelle ou non,
Vous estes belle,
Vous auez raison.

Mais sans desesperer,
Ie veux toûjours perseuerer,
Puisqu'vn fidelle doit tout esperer,
De sõ amour & de ses soins vn iour, belle inhumaine,
Cette rigueur
Qui fait ma peine,
Fera mon bonheur.

M. COLVMB.

GAVOTTE.

B. D. B.

IRis, que ie ne connois pas,
Et que ie ne veux point connoistre,
Ie rends hommage à vos appas,
Mais dispensez-moy de paroistre ;
On connoist assez le pouuoir
De vostre beauté sans la voir.

Il faut se rendre au seul rapport
De vos attraits & de vos charmes,
Soudain j'ay ressenty l'effort
Que m'ont fait d'inuisibles armes,
Et vos yeux ont eu le pouuoir
De m'assujettir sans les voir.

De ceux qui vous sont asseruis,
Ie seray le moins incommode,
Tous les autres seront rauis
De se presenter à la mode ;
Quant à moy, de tout mon pouuoir
Ie vous seruiray sans vous voir.

M. CONRAT.

MENVET.

Iris au bord de Seine,
Les yeux baignez de pleurs,
Disoit à Celimene,
Conseruez vos froideurs,
Les hommes sont trompeurs.

Les cruautez des belles
Les rendent inconstans;
Mais quand de ces cruelles
Ils sont enfin contens,
Ils n'aiment pas long-temps.

Si le Riual vous presse,
S'il vous fait trop de mal,
C'est contre vne Maistresse
Qu'il faut estre brutal,
Et non contre vn Riual.

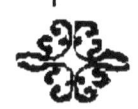

I

SARABANDE.

B. D. B.

IE suis à vous, ie ne puis m'en dédire,
Ie suis soûmis aux loix de vostre empire,
Vous sçauez bien pour qui mon cœur soûpire,
Espargnez-moy la peine de le dire.

Aux loix d'amour mon cœur n'est point rebelle,
Il est soûmis aux charmes d'vne Belle :
Ie brusle enfin d'vne flamme immortelle,
Et pour iamais ie veux estre fidelle.

I

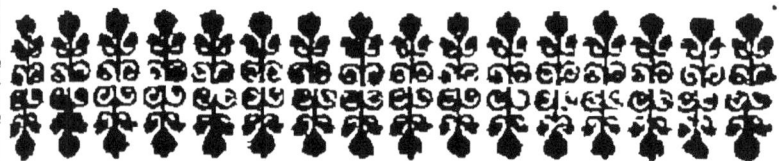

AIR.
B. D. B.

IE pensois pour toucher l'ame la plus cruelle,
    Qu'il ne falloit que bien aimer ;
Mais depuis le moment qu'Iris m'a sceu charmer,
Ah ! Ie voy bien qu'vn cœur tendre & fidelle,
    Quand il est amoureux,
Pour trop aimer n'en est pas plus heureux.

             M. DE LA TVILLIERE,

I

SARABANDE.

J'Auois dessein de vous parler
Du feu que vos beaux yeux m'ordonnent de celer,
Mais i'ay pensé qu'il valloit mieux me taire,
Et que le seul respect de mes feux innocens,
Seroit plûtost capable de vous plaire,
Que le triste recit des peines que ie sens.

Philis, ie ne suis point jaloux
De voir qu'vn autre amant soûpire auprés de vous:
Car connoissant vostre ame inexorable,
Qui fait tout esperer, & qui ne donne rien,
Ie ne croy pas, quoy qu'il soit fort aimable,
Que son bon-heur soit plus grand que le mien.

M. DE MAVLEVRIER.

SARABANDE
DE M. DE CHAMBONNIERE.

JE cherche en vous quelque endroit secourable,
Par où ie puisse aimer moins vos beautez ;
Mais les attraits par qui vous m'enchantez
Font que mon cœur n'en peut estre capable :
Helas ! pourquoy n'estes-vous moins aimable ?

D'vn seul defaut flatez vn miserable,
Ménagez-moy quelque legereté,
Mais qu'ay-je dit ? vostre extreme beauté
Fait que mon cœur n'en peut estre capable ;
Helas ! pourquoy n'estes-vous moins aimable ?

M. DE MAVLEVRIER.

AIR
DE M. LAMBERT.

IL est vray qu'Amour a ses peines,
Mais ces peines sont des plaisirs.
L'Amant le plus heureux pousse mille soûpirs,
Et languit dans ses chaisnes :
Il est vray qu'Amour a ses peines,
Mais ces peines sont des plaisirs.
Dans ces momens plus doux on a mille desirs,
Et mille craintes vaines ;
Il est vray qu'Amour a ses peines,
Mais ces peines sont des plaisirs.

M. PERRIN.

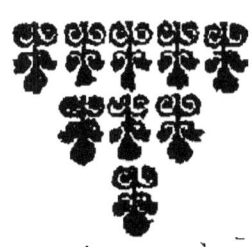

GAVOTTE.

B. D. B.

IE ne me mets guere en peine
De voſtre inegalité,
Voſtre amour, ny voſtre haine
Ne m'ont jamais tourmenté :
Si vous m'aimez; ie vous aime,
Mais ſi vous ne m'aimez pas,
Ie veux en vſer de meſme
En dépit de vos appas.

Fuſſiez-vous vne Deeſſe,
Ie mépriſe voſtre loy,
Il n'eſt rien que la tendreſſe
Qui ſoit vn charme pour moy;
Si nos cœurs ſont l'vn pour l'autre,
Aimons-nous, ie le veux bien,
Mais ſi ie n'auois le voſtre,
Vous n'aurez iamais le mien.

GAVOTTE
DE MONSIEVR BATISTE.

IE languis sans esperance,
Et redoutant vos rigueurs,
Ie remets à mon silence,
L'interest de mes langueurs,
Prés de vous, quand on soûpire,
On tremble, on est interdit:
Mais si j'eusse osé le dire,
Helas! que m'auriez-vous dit?

Abandonné de moy-mesme,
Prest d'expirer de vos coups,
Si ie disois ie vous aime:
Helas! que me diriez-vous?
Vos froideurs me font comprendre
Comme vous en vseriez,
Gardez-vous donc de m'apprendre
Tout ce que vous me diriez.

M. DE MAVLEVRIER.

SARABANDE

SARABANDE
DE M. DE MAVLEVRIER.

IE veux bannir, Philis, tous mes desirs,
 Quand vous feriez cent fois plus belle,
Ie crains les maux qui passent les plaisirs,
 Et mon cœur fuit vne cruelle,
Si vos beaux yeux le faisoient esperer,
 Sa passion seroit extrême,
Mais il n'est pas d'auis de soûpirer
 Si le vostre n'en fait de mesme.

M. DE MAVLEVRIER.

I

AIR.
B. D. B.

JE languis aux pieds de Climene,
   Et l'inhumaine
Voit sans pitié mes cruelles douleurs:
   Dieux! que sa rigueur est extreme:
Lors que mes pleurs font voir que j'aime,
Elle s'offence de mes pleurs.

M. DE L****.

MIS EN CHANT.

COVRANTE
DE M. DE MAVLEVRIER.

IE pretendois guerir de ma langueur,
Bien que pour vous elle soit sans seconde,
Mais le moyen de dérober vn cœur,
A qui les sçait voler à tout le monde?

M. LE MARQVIS DE MAVLEVRIER.

AIR.

B. D. B.

Iris, qui pouuez tout charmer,
Et qui ne sçauez point encore,
En donnant tant d'amour, ce que c'est que d'aimer,
Ieune beauté que tout le monde adore,
Dés le premier éclat de vos plus tendres ans,
   Que vos yeux paroissent sçauans,
   Dans l'art que vostre cœur ignore.

   Ce Dieu qui nous est inconnu,
   Redoutant vos rigueurs trop fieres,
De crainte & de respect semble estre retenu
Dans le charmant enclos de vos belles paupieres;
Et loin de vostre cœur, pour se cacher de vous,
   Il se perd dans vos yeux si doux
   En des abysmes de lumieres.

II.

AIR
DE M. LE CAMVS.

IL est vray qu'autrefois j'ay poussé des soûpirs,
Prés de quelques beautez j'ay formé des desirs,
Elles m'ont fait souffrir quelque legere peine;
Mais depuis le moment que vous m'auez charmé,
Helas! j'ay bien senty, trop aimable Climene,
  Que ie n'auois iamais aimé.

AIR
DE M. DE MOLLIER.

IE soûpirois pour vostre absence,
Pensant à vos divins appas ;
Mais pensant à vostre inconstance,
Helas ! ie ne soûpirois pas
　　Pour vostre absence.

Vous sçauez bien ce qu'on endure
Lors que l'on cesse de vous voir :
Mais lors que l'on vous croit parjure,
Helas ! vous ne sçauriez sçauoir
　　Ce qu'on endure.

M. LE PRESIDENT DE P***

AIR
DE M. LAMBERT,
ET BLONDEL.

Il est vray, j'ay promis que la seule amitié
    Regleroit ma tendresse;
    Mais helas! par pitié
    Dispensez-moy de ma promesse;
Car mon cœur, belle Iris, tous les momens du iour
Me dit que l'amitié languiroit sans l'amour.

    Quand ie vous le promis, malgré tous vos appas,
    Ie voulois bien le faire:
    Que ne voudroit-on pas,
    Iris, de peur de vous déplaire?
Mais peut-on empescher son cœur de s'enflammer,
En aimant vn objet qu'on ne peut trop aimer?

                  M. DE LA TVILLIERE.

I

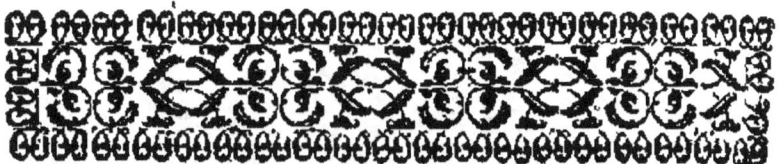

AIR
DE M. LE CAMVS.

Iris est infidelle :
Toute ingrate qu'elle est, ie brusle encor pour elle,
Cruel amour, si malgré tous mes soins
  Ie ne puis par vn peu de haine
  Me vanger de cette inhumaine,
Fais pour me soulager que ie l'aime vn peu moins.

M. DE LA TVILLIERE.

I.

AIR
DE M. LE CAMVS.

Iris, vous me fuyez, croyant que ie vous aime,
Et vous n'en sçauez rien qu'au rapport de mes
   yeux,
    Est-ce vn rapport injurieux ?
    Les voſtres parlent bien de meſme :
    Ils diſent mille fois le iour
Que voſtre cœur n'eſt pas le cœur le plus rebelle
    Au pouuoir de l'amour :
Les doit-on croire, helas ! eſt-ce vn rapport fidelle ?

    Sur vn ſimple ſoupçon que pour vous ie ſoûpire,
Pourquoy punir mon cœur du crime de mes yeux ?
    Attendez qu'il s'explique mieux,
    Et pour mes yeux laiſſez-les dire ;
    Croyez qu'ils ſont des impoſteurs,
Ou ſi vous voulez bien croire que ie vous aime,
    Malgré tant de rigueurs,
Iris, permettez-moy de vous aimer de meſme.

M. DE LA TVILLIERE.

AIR.

B. D. B.

JE cede enfin au pouuoir de l'amour,
      Depuis vn iour
Il s'est rendu le maistre de mon ame ;
Ie brûle pour Philis d'vne secrette flamme,
I'aime, ie cede enfin, mais l'amour m'a surpris,
Car mon cœur ne sçait pas par où Philis m'a pris.

La jeune Iris a bien d'autres appas,
      Philis n'a pas
Ny sa beauté, ny sa douceur extrêmes;
Elle n'aima jamais, Iris n'est pas de mesme ;
Mais i'aime mieux Philis, ah ! l'amour m'a surpris,
Car mon cœur ne sçait pas par où Philis m'a pris.

M. DE LA TVILLIERE.

GAVOTTE.

B. D. B.

J'Allois au marché ce matin
Pour faire quelque emplette,
J'ay rencontré dans mon chemin
Vne jeune fillette.
Allons au bois, Brunette,
    Allons
Cueillir la violette.

Si nous estions allez au bois,
Respondit la follette,
Peut-estre que vous feriez choix
De quelque autre fleurette.
    Allons, &c.

Vous sçavez donc bien mon dessein,
Aimable Bergerette,
Et quelles sont sur vostre sein
Les fleurs que ie souhaitte.
    Allons, &c.

Vous pouuez en chercher ailleurs,
Repartit la finette;
Pour moy ie suis pour les railleurs
Bon cheual de Trompette.
  Allons, &c.

Brunette, sans tant de caquet
Allons dessus l'herbette;
Nous y pourrons faire vn bouquet,
Et quelque autre chosette.
  Allons, &c.

Ne dites donc point à mes sœurs
Qu'auecque vous seulette
Ie sois allé cueillir des fleurs,
Et vostre affaire est faite.
  Allons, &c.

SARABANDE

SARABANDE
DE M. MOUTON.

B. D. B.

JE me suis méconté
Quand ie me suis flatté
De cent plaisirs prés de vostre beauté :
Ah ! qu'il est dangereux
De voir de si beaux yeux !
Et que leurs charmes
Coustent de larmes !

Vn cœur bien enflammé,
Et qui veut estre aimé,
Craint d'offencer l'objet qui l'a charmé :
Le mien dans ses desirs
Pousse mille soûpirs,
Et n'ose dire
Ce qu'il desire.

M. QVINAVLT.

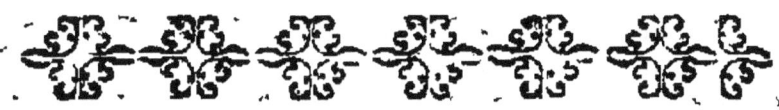

AIR
DE M. LE CAMVS.

B. D. B.

Ie reçois tous les iours de vous
Tout ce que l'amitié peut donner de plus doux :
On me regarde auec enuie,
Cependant ie suis malheureux;
Vous n'auez point d'amour, Siluie,
Et c'est de l'amour que ie veux.

M. GALLAND.

Si ie perdois vostre amitié,
Ie serois bien encor plus digne de pitié,
Gardez-la toute vostre vie,
Ce bien m'est tousiours précieux,
Mais auec de l'amour, Siluie,
Nous nous aimerions beaucoup mieux.

M. L. P. D. M.

AIR
DE M. BATISTE.

INgratte Bergere, dis-moy,
Pendant qu'Amour nous tint sous mesme loy,
Fut-il iamais ardeur plus douce que la nostre?
Cependant tu me fuis, & tu manques de foy,
Cruelle, va brusler, va languir pour vn autre,
  Tandis que ie mourray pour toy.

  Mon cœur trop doucement charmé,
Pensoit qu'Amour n'auoit iamais formé
De nœud qui peust durer si long-temps que le nostre;
Mais, helas! tu me fuis, &c.

M. LE PRESIDENT DE P...

I

AIR DE BALLET
DE M. BATISTE.

IE portois dans vne cage
Deux moineaux que j'auois pris,
Lors que la jeune Cloris
Fit dans vn sombre bocage
Briller à mes yeux surpris
L'éclat de son beau visage:
Helas! (dis-je aux moineaux, en receuant les coups
De ces yeux si sçauans à faire des conquestes)
Consolez-vous, pauures petites bestes,
Celuy qui vous a pris est bien plus pris que vous.

M. MOLLIERE.

AIR
DE M. DE MOLLIER.

J'Aimois Iris, elle approuvoit ma flamme,
Mille boutez m'asturoient de son ame,
Et tous mes soins l'asturoient de mon cœur:
Cependant ie la perds, helas! quelle rigueur!
L'exemple de mon infidele
Ne peut m'obliger
A changer;
Que n'ay-je le cœur fait comme elle?

M. DE LA SABLIERE.

AIR
DE M. LAMBERT.

J'Aimois, j'estois aimé d'vne beauté charmante,
  Elle m'auoit juré sa foy
  De n'aimer iamais rien que moy,
  Cependant c'est vne inconstante;
  Fut-il iamais pauure Amant
  Trompé si cruellement.

M. BOVCHARDEAV.

MIS EN CHANT.

RECIT DE IVNON
DE M. BATISTE.

IE répans sur les humains
La richesse à pleines-mains,
Aussi pour mes Autels la ferueur est extreme :
Parmy tous ces attraits, ces charmes, ces appas,
Amour l'auoüeroit luy mesme,
La richesse ne nuit pas.

Soyez beau, soyez bien fait,
N'ayez rien que de parfait,
Preschez & soupirez afin que l'on vous aime,
Parmy tous ces attraits, &c.

M. DE BENSSERADE.

AIR
DE M. LAMBERT.

I'Ay pleuré, belle Iris, i'ay pleuré vos malheurs,
Mon cœur a ressenty vos cruelles douleurs;
Pleurez à vostre tour
Vn malheureux qui languit dans vos chaisnes,
I'ay partagé vos peines,
Partagez mon amour.

Quand ie sceus que le sort injuste & rigoureux
Auoit troublé le cours de vos momens heureux,
Vous vistes en ce iour
Que comme vous i'en sentois les atteintes;
Ie partageay vos plaintes,
Partagez mon amour.

AIR
DE M. LE CAMVS.

IL faut l'aimer, ie ne puis m'en deffendre,
    La jeune Iris a trop d'appas,
I'ay veu dans ses beaux yeux quelque chose de tendre,
    Que son cœur peut-estre n'a pas ;
Mais quand ses doux regards auroient pû me sur-
    prendre,
Il faut l'aimer, ie ne puis m'en deffendre.

       M. LE COMTE DE FRONTENAC.

I.

AIR
DE M. LE CAMVS.

Il n'est rien d'égal à ma peine,
Qui pourroit l'exprimer? qui peut la conceuoir?
Iugez-en, diuine Climene,
I'ay passé deux iours sans vous voir.

Puisqu'vne si legere absence
Exerce sur mon cœur vn si cruel pouuoir,
Iugez de mon impatience
Si j'estois long-temps sans vous voir.

MIS EN CHANT.

I

AIR
DE M. DE CHAMBONNIERE.

IRis, vostre absence me tuë,
Le desespoir dont mon ame est vaincuë,
Oste à vos yeux l'honneur de mon trépas :
Cessez, cessez de cacher vos appas,
D'autres sont morts de vous auoir trop veuë,
Et ie ne meurs que de ne vous voir pas.

MENVET
DE M. DANGLEBERT.

J'Ay commencé déja quelques paroles,
Mais ie ne sçay si j'iray jusqu'au bout,
J'ay de l'aquis en telles fariboles,
Qu'auprés de vous j'ay peur de mettre à bout ;
J'auois laissé là tous ces pensers friuoles,
Mais quoy ? l'Amour fait faire tout.

La jeune Iris, d'vne maniere tendre,
Sembloit ce soir flater ma passion,
Et ses regards faisoient assez comprendre
Que ie pouuois tenter l'occasion :
Ie n'ay cependant osé rien entreprendre ;
Mais quoy ? l'Amour est vn poltron.

Il ne faut pas, Iris, estre en colere
Sur vostre sein si ie pris vn baiser ;
Car mon amour, au fort de sa misere,
Cherchant par tout vn lieu pour reposer,
Si le pauure enfant saute au col de sa mere,
Faut-il s'en trop scandaliser ?

M. L'ABBE' BERTAVT.

MENVET

MENVET DV BALET
DE LA NAISSANCE DE VENVS.

Pour Mademoiselle de Brancas.

Ieune & rare merueille,
Qui brillez nuit & iour,
Vous estes sans pareille,
Et moy tout plein d'amour;
Car vos yeux adorables,
 Par leurs regards
Font des coups redoutables
 De toutes parts.

D'vne flamme immortelle,
On les void allumez,
Et vous voyant si belle
Tous les cœurs sont charmez:
Vous bruslez, ieune Aurore,
 A tout moment,
Sans sçauoir rien encore
 De mon tourment.

Quand vne ardeur si forte
Nous permet les soûpirs,
Le respect qu'on vous porte
Nous deffend les desirs :
Vn Amant dans ses peines
    Fait mille vœux,
Et l'amour a pour chaisnes
    Vos beaux cheueux.

Quand vous sortez de l'onde
Comme vn Soleil naissant,
Vous surprenez le monde
D'vn éclat rauissant ;
Cét objet agreable
    Fait que la mer
N'a plus rien d'effroyable,
    Ny rien d'amer.

M. LE DVC DE S. A...

AIR
DE M. DE SABLIERE.

IE croyois Ieanneton
Auſſi douce que belle,
Ie croyois Ieanneton
Plus douce qu'vn mouton;
Helas! elle eſt cent fois
Mille fois plus cruelle,
Que n'eſt le Tygre au bois.

Ah! ne conſultez pas
Son viſage infidelle,
Ah! ne conſultez pas
Ses beaux yeux pleins d'appas;
Helas! &c.

Elle dit chaque iour
Qu'elle n'eſt point rebelle,
Elle dit chaque iour
Qu'elle eſt tendre à l'amour;
Helas! &c.

M. PERRIN.

Quand ie veux seulement
Luy parler de tendresse,
Quand ie veux seulement
Luy dire mon tourment :
Helas! elle est cent fois
Mille fois plus tygresse
Que le Tygre des bois.

M. L'ABBE' M.

AIR DE BALLET
DE MONSIEVR BATISTE.

IE vous dirois le sujet de ma flamme,
Mais le respect m'en oste le pouuoir,
A tout moment ce tyran de mon ame
Me dit que c'est offencer mon deuoir
    Que d'en parler;
  Mais las! comment vous voir
    Et le dissimuler?

Si vous vouliez n'estre point inhumaine
Ie suis tout prest d'adorer vos appas:
Mais s'il falloit tousiours estre à la gesne,
Tousiours languir & courir au trépas,
    C'est trop pour moy:
  Philis, ne suis-je pas
    Amant de bonne foy?

B. D. B.

AIR
DE M. RIEL.

Ie vous voy tous les iours, & vous ne voyez pas
Que ie brusle pour vous d'vne flamme discrete,
 Dont ie me plains tout bas:
Helas! vous le voyez, mais vous estes adrete,
Et feignez d'ignorer pourquoy dans mes amours
 Ie vous voy tous les iours.

Quand ie suis prés de vous, mes yeux pleins de langueur,
Et mes tendres soûpirs doiuent bien vous apprendre
 Ce que j'ay dans le cœur:
Helas! vous le sçauez, pourquoy donc vous deffendre
D'accorder à mon mal vn traitement plus doux
 Quand ie suis prés de vous?

Mr. M.

AIR.
B. D. B.

J'Ay trop long-temps celé ma passion extreme,
Il est temps, belle Iris, de dire, ie vous aime;
Ie sçay que cet aueu causera mon trépas,
    Loin de soulager mon martyre;
Mais-las! comment vous voir, & ne vous aimer pas?
Et comment vous aimer, & ne pas vous le dire?

B. D. B.

I

AIR.
B. D. B.

IRis, il est bien doux d'estre dans vostre estime,
Mais ce n'est pas assez pour répondre à mes feux:
Helas! vn peu d'amour seroit-ce vn si grand crime
    Pour soulager vn malheureux?
Vostre amitié n'est pas le seul but de mes vœux.

AIR.

JE vous ay dit que ie vous aime,
Mes yeux pleins de langueur
Vous font cõnoistre assez que ma peine est extreme :
Mais quoy que vous sçachiez ce qui fait ma douleur,
Vostre impitoyable rigueur
Pour moy paroit tousiours la mesme.

GAVOTTE.

B. D. B.

Ie ne puis gagner sur moy-mesme
De vous reueler mon secret,
Helas ! quand on aime en effet,
On n'ose dire que l'on aime ;
Et quand on le dit aisément,
Iris, c'est signe que l'on ment.

Malgré ce que l'on se propose
Vous ne laissez pas de charmer,
Iris, vous voir & vous aimer,
Ne sont rien qu'vne mesme chose,
Et quand l'on vous aime vn moment,
On vous aime eternellement.

I

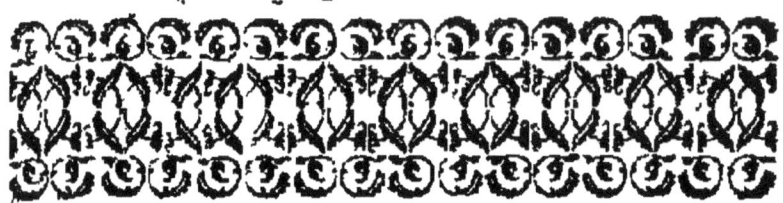

AIR.

B. D. B.

Iris, ie ne sçay pas comment
Ie m'alarme si fort de vostre esloignement,
 Puisqu'en vostre presence
Ie n'éprouue en tout temps que de l'indifference.

B. D. B.

I.

GAVOTTE

DE M. BATISTE.

IE ne veux pas vous connoistre,
Amour fait trop d'embarras,
Vous pourriez le faire naistre
Auec vos diuins appas ;
Ie vous aimerois, peut-estre,
Et vous ne m'aimeriez pas.

Quoy que ma douleur empire,
Alors que ie me contrains,
En secret mon cœur soupire,
Loin des échos ie me plains ;
Ils poúrroient bien le redire,
Et c'est tout ce que ie crains.

Si mon cœur se fait entendre,
Helas ! ce n'est qu'à regret ;
Mais que i'ay beau luy defendre,
De parler de mon secret ;
Mon Iris pourra l'apprendre,
L'Amour est vn indiscret.

AIR

AIR
DE M. PERDIGAL.

IE meurs pour ma Siluie,
Elle languit pour moy d'vne pareille enuie,
Et nos ardeurs augmentent chaque iour;
Ha, qu'on est heureux en amour!
Et que c'est vn plaisir extreme,
Quand on nous aime,
D'aimer à noſtre tour.

L

SARABANDE.

IE ne puis voir Amarante si belle,
Sans ressentir mille preslans desirs,
De posseder cette aimable rebelle,
Mais sa vertu s'oppose à mes plaisirs;
Et le respect qui combat mon amour,
Me fait souffrir mille maux chaque iour.

A quoy me sert cet accueil fauorable
Dont la douceur anime mon espoir?
Si pour laisser ma blessure incurable,
Tout mon plaisir se reduit à la voir;
Fâcheux respect qui combats mon amour,
Combien de maux me fais-tu chaque iour?

RECIT DE BALLET
DE M. BATISTE.

IE ne viens point en qualité,
De Nymphe ou de Diuinité,
Tous ces grands noms sont au dessus du nostre;
Qui suis-je donc à vostre aduis,
Vne reuendeuse d'habits
Qui chante le recit tout de mesme qu'vn autre.

Chacun fait cas de mon trafic,
Et ie rends seruice au public,
Tout mon plaisir est d'agir pour le vostre;
Et dans l'humeur où ie vous voy,
Ie vous apporte icy dequoy
Faire vn nouueau ballet des dépoüilles de l'autre.

M. DE BENSSERADE.

I

AIR
DE M. DE MOLLIER.

IE meurs, ie languis nuit & iour,
 Et ne sçaurois vous dire
 L'excez de mon martyre:
Ma bouche en veut parler, mais mon cœur plein d'amour,
Pour m'empescher la voix incessamment soûpire.

 Helas! à quel point est mon mal,
  Si mon amour extreme
  Agit contre luy mesme,
Et si pour trop aimer, me deuenant fatal,
Il m'oste le pouuoir de declarer que j'aime.

M. DE MOLLIER

I.

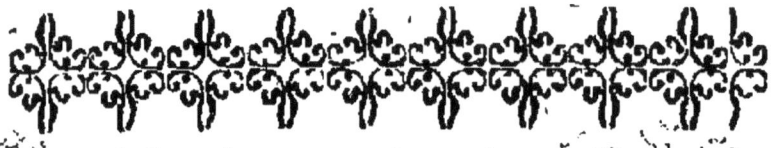

GAVOTTE.

B. D. B.

I'Auois seruy constamment
Vne Bergere cruelle,
Sans auoir eu de la Belle
Vn doux regard seulement:
Quand vn iour cette sauuage
Deuint sensible à mes vœux;
Ie n'en dis pas dauantage,
Nous fûmes contens tous deux.

I'auois fait, pour la fléchir,
Tout ce que l'Amour fait faire,
Mais mes soins prés de la fiére
N'auoient rien fait que blanchir.
Ie n'osois plus rien pretendre,
Et mon cœur plein de dépit
Estoit tout prest de se rendre,
Quand la fiére se rendit.

M. COVSINOT.

AIR.
B. D. B.

Iris m'auoit donné son cœur,
Et ie ne sçay par quel malheur
Ie la trouue à mes vœux insensible & cruelle,
Ie ne sçay pas qui peut la rendre si rebelle;
Mais quand vn autre objet causeroit sa rigueur,
I'aimerois mieux que de changer comme elle.

I

AIR
DE M. BOESSET.

IE veux voir mon Iris, ce miracle des Cieux,
Elle doit aujourd'huy s'éloigner de ces lieux;
    Ie sçay la violence
Qu'en la voyant partir se fera mon amour;
Mais aussi pour moy son absence
Deuiendra moins longue d'vn jour.

AIR.

IL est doux, il est beau, de ceder à l'Amour,
Croyez-moy, belle Iris, s'il arriuoit qu'vn iour,
Vostre superbe cœur à ses loix pûst se rendre ?
Honteuse d'auoir sçeu si long-temps vous defendre,
Vous mesme vous diriez sans doute à vostre tour,
Il est doux, il est beau, de ceder à l'Amour.

RECIT DE BALLET
DE M. BOESSET.

IE descens du sacré valon,
Où ie regne auec Apollon;
Pour le pinceau, j'abandonne la plume,
Ie ne fais plus que des portraits;
Et j'en ay tellement establi la coustume,
Que tout le monde veut faire ses propres traits.

J'ay quitté l'employ glorieux
De peindre les Roys & les Dieux;
En vain, l'Amour presse mon industrie
Pour ses traits & pour son flambeau,
Ce que j'ay de couleurs sont pour la raillerie,
Dont j'entreprens icy de faire le tableau.

AIR
DE MONSIEVR SICAR.

IAmais la cruauté, Siluie,
Ne fut vn moyen d'engager,
Et si vous auez quelque enuie
De conseruer vostre Berger,
Quittez la cruauté, Siluie,
Autrement il pourroit changer.

Pour moy ie fuis vne inhumaine,
Qui de mes maux fait son plaisir,
Et voyant des marques de haine,
Ie perds le soin de la seruir,
Et tiens qu'on merite la peine,
Lors qu'en souffrant on veut souffrir.

SARABANDE.

B. D. B.

J'Ay soûpiré sans m'en estre apperceu,
Quelques dédains viennent de me l'apprendre:
Si ce soupir vous a déplû,
Philis, vous pouuez me le rendre.

Ce que j'ay fait, vos beaux yeux l'ont voulu,
De leurs regards ie n'ay pû me défendre;
Si ce soûpir, &c.

I

GAVOTTE.

IE ne porte point d'enuie
A ces Amans fortunez,
Tous mes defirs font bornez
A mourir pour vous, Siluie;
   Ie foûpire vainement,
Ie n'aime pas moins conftamment.

Si vous eftes inhumaine,
I'ay pour vous tant de refpect,
Que je perds à voftre afpect
Le fouuenir de ma peine.
   Si je foûpire, &c.

Les plaifirs les plus fenfibles
Sont bien au deffous des miens,
Ie goufte dans mes liens
Toutes les douceurs poffibles,
Et pour foûpirer vainement,
Ie n'aime pas moins conftamment.

SARABANDE

AIR
DE M. LAMBERT,

INutiles témoins de l'ardeur de mon ame,
Soûpirs impetueux cessez vos mouuements,
Puisque ie dois trouuer dans l'excez de ma flame,
  La fin de mes tourments.

Vous trauaillez en vain à soulager ma peine,
L'ingratte ne veut plus me voir ny vous souffrir,
Et si i'ay contre moy le Ciel & Celimene,
  Ne dois-ie pas mourir?

Il n'est plus temps, mes yeux, de répandre des
  larmes,
En vain vous esperez changer l'arrest du sort,
Ie ne puis resister à l'effort de tant d'armes,
  Sans l'aide de la mort.

I

COVRANTE.

IE suis Amant de bonne foy,
Ie n'aime point à demy ce que j'aime,
Mais il faut de mesme
Qu'on n'aime que moy;
Car deust-on le trouuer estrange,
Quand vne beauté n'en vse pas ainsi,
Eut-elle plus d'attraits & plus d'esprit qu'vn Ange,
Dés qu'elle me change,
Ie la change aussi.

M. M**.

I

ENTRE'E DE BALLET.

JE sçay bien
Qu'à vous aimer, Climene,
On a bien de la peine;
Mais cela n'est rien,
Puisque j'ay l'esperance
Qu'Amour,
Vn jour,
Finissant ma souffrance
Pour me vanger
De vostre indifference,
Vous fera changer.

M. M**.

GAVOTTE.

B. D. B.

J'Ay long-temps aimé Siluie,
Quoy qu'ingratte & sans amour,
Mais c'est mal passer sa vie,
Que de languir nuit & iour:
Ie n'en vse plus de mesme,
Ie veux chanter iour & nuit,
Aimons tousiours qui nous aime,
N'aimons iamais qui nous fuit.

Tousiours constant & fidelle,
Ie souffrois sans murmurer,
Tous les maux que la cruelle
Me vouloit faire endurer:
   Ie n'en vse, &c.

De cette ingratte maistresse
Ie n'auois que des mépris,
Et n'osois faire caresse
A Climene ny Cloris:
   Ie n'en vse, &c.

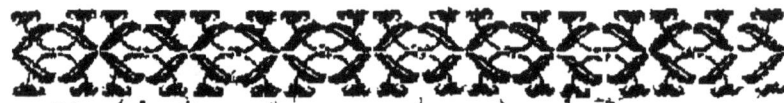

GAVOTTE.

IE suis charmé d'vne Brune
Qui tient mon ame en langueur,
Quelle seroit ma fortune
Si j'auois touché son cœur?
Ah! que ma flamme est importune,
Iamais Amour n'est sans douleur.

Elle a l'air d'vne Princesse,
Rien ne manque à ses appas,
Qu'vne certaine tendresse
Que son cœur ne connoist pas;
Les cruautez d'vne Maistresse
Me font souffrir mille trépas.

Contre son humeur sauuage,
Quand son cœur est reuolté,
Soudain elle me r'engage,
Par vne fausse bonté;
Contre les traits d'vn beau visage
Qui peut garder sa liberté?

AIR
DE M. DE SABLIERE.

IL faut aimer, pour estre aimable,
Mais il ne faut pas trop aimer;
Vn peu d'amour est agreable,
Il faut aimer, pour estre aimable,
Trop d'amour est insupportable,
Et déplaist au lieu de charmer;
Il faut aimer, pour estre aimable,
Mais il ne faut pas trop aimer.

AIR
DE M. LAMBERT.

IE cherche nuit & iour
Le moyen de vous plaire,
Toutes mes actions vous disent mon amour,
Et cela vous met en colere.
Tous mes respects attirent vos mépris,
Et vous vous riez de ma peine;
Et que feriez-vous donc, Iris,
Si j'auois pour vous de la haine?

Ie fais à vos beaux yeux
D'éternels sacrifices,
Ie les ay reconnus pour mes Roys & mes Dieux;
Mais ils ne me sont point propices.
Tous mes respects, &c.

MENVET.

J'Ay pour vous
Vn amour qui n'est pas ordinaire,
Vos yeux doux,
Belle Philis, m'ont blessé le cœur ;
Dites-moy
Comment vous auez pû si bien faire,
Car ma foy
Iamais bel œil ne fut mon vainqueur.

Vos appas,
Philis, ont de puissants charmes,
Mais helas !
Vous deffendez à tous d'esperer
Prés de vous,
Faut gemir, faut répandre des larmes,
Entre nous
Ie ne puis ny gemir, ny pleurer.

Tout vn jour
Ie veux bien vous adorer, Siluie,
Mon amour
Aura pour vous cette fermeté,
Et content
De vous auoir si long-temps seruie,
Vous quittant,
Ie remporteray ma liberté.

M. LE MARQVIS DV CHATELET.

SARABANDE
DE M. MOVLINIE'.

J'Aime Philis, & j'aime Celimene,
Ces beaux objets tous deux m'ont sceu charmer;
Pour tant d'amour vn cœur suffit à peine,
Mais cependant le mien les sçait aimer.

Vn bon galant, pour la Brune & la Blonde,
Doit estre en fonds de mille & mille amours;
Mais quand vn cœur sçait tant soit peu son monde,
Il se repent, & se donne toûjours.

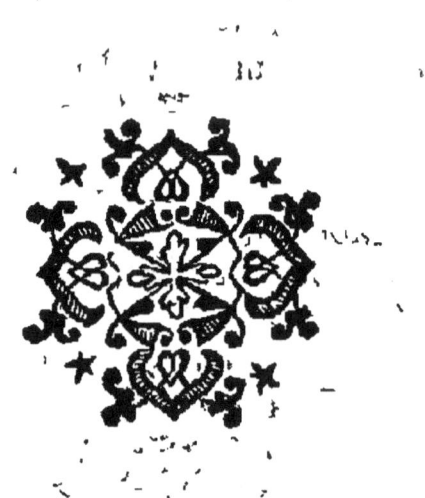

GAVOTTE.

B. D. B.

IE pensois, belle Climene,
Qu'il n'estoit rien de si doux
Que d'estre dans vostre chaisne,
Et de soûpirer pour vous:
Mais ayant senty la peine
Que l'on souffre en vous aimant,
Ie croy que le changement
Est encore plus charmant.

Il est vray, vous estes belle,
Vous n'auez que trop d'appas;
Mais quoy qu'en Amant fidelle
Ie vous suiue pas à pas,
Vous m'estes toufiours cruelle
Sans m'écouter vn moment;
Ie preuoy qu'vn changement
Pourra finir mon tourment.

I

AIR
DE M. LE CAMVS.

IL bruſlera juſques à mon trépas,
Ce tendre amour que vous auez fait naiſtre,
Ouy, ie ſeray conſtant pour vos diuins appas,
Vos beaux yeux m'ont appris à l'eſtre,
Ie ne l'oubliray pas.

AIR
DE M. DE MOLLIER.

IL finira fans caufer mon trépas,
Ce tendre amour que vous auez fait naiftre,
Ouy, ie fuis inconftant malgré tous vos appas,
Vos rigueurs m'ont appris à l'eftre,
Ie ne l'oubliray pas.

FIN.

www.ingramcontent.com/pod-product-compliance
Lightning Source LLC
Chambersburg PA
CBHW070751170426
43200CB00007B/739